목사가 많이
부끄럽습니다

목사가 많이 부끄럽습니다

1판 1쇄 발행 2021년 4월 4일

지은이 장찬영

발행인 장진우
디자인 윤석운
펴낸곳 호산나(주)
주소 경기도 안양시 벌말로 123, A909호
전화 1644-9154
홈페이지 www.hosanna.net
인쇄 창영프로세스

가격 12,000원
ISBN 979-11-89851-22-4

- 호산나출판사는 "네 형제를 굳게 하라" (Strengthen your brothers) 는 주님의 말씀을 사명으로 알고,
  좋은 도서를 출판하여 성도들에게 유익을 드리는 것을 늘 꿈꾸고 있습니다.
- 호산나출판사는 한몸 사역의 일환으로 진행되고 있습니다.

| 장찬영목사의 수필집 |

목사가
많이
부끄럽습니다

HOSANNA

목차

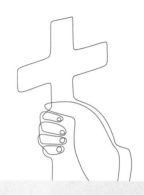

봄이 다시 왔습니다... 안 올 것 같았는데... 아니 안 오면 어떻게 하나 했는데.

지난 1년하고 두 달 동안 우리는 아니 전 세계는 지난 세기동안 한 번도 경험하지 못한 바이러스 팬데믹 속에서 살아야만 했습니다. 그야말로 설마로 시작한 코로나19는 모든 도시와 나라들을 점령해 나가기 시작했고 그동안 자랑했던 21세기 인간의 문명과 이기, 과학과 의학은 속절없이 무너져 갔습니다. 정말 아무 것도 아니었습니다.

아이러니칼하게도 선진국의 모든 나라들이 바이러스의 수혜국으로 자청(?)하였고, 나름 믿었던 모든 과학과 의학의 맹주였던 미국과 독일을 비롯한 모든 나라들이 초토화 되었습니다. 그나마 하나님의 선물인 망각으로 또 다시 잊혀 지고는 있지만, 정말 아무 대안도 대책도 없는 시간들이었습니다. 그리고 우리는 지금도 그 시간 안에 있습니다.

안타깝게도 교회도 예외가 될 수 없었습니다. 모든 교회의 문이 닫혀야 하는 초유의 일이 일어난 것입니다. 누군가의 말대로 전쟁 때에도 열렸던 교회였는데 말입니다. 한 번도 경험해 보지 않은 교회 폐쇄 속에서도 성도들은 당황했고 목회자들도 중심을 잡지 못했습니다. 얼마나 그 심정이 처절했던지 저 역시 몇 번이나 울었던 기억이 납니다.

당혹감은 불안으로 드러나기 시작했습니다. 자신들의 신앙적 이유였다고 하지만, 팬더믹 속에서도 예배와 모임을 강행하는 일들이 일어나면서 목사들의 부끄러운 행태들은 매스컴의 조명을 받게 되었습니다. 덕분에 신천지도 일부 극단적인 선교단체들이나 기독교 사립학원의 민낯도 드러났지만, 세상 사람들에게 비춰진 모습은 똑같은 교회였습니다.

그래서 마치 이제 교회는 끝났다, 성도들의 믿음은 더 이상 보기 어렵다라는 절망 섞인 소리들이 온 나라를 얼어붙게 하였습니다. 우리교회도 예외가 아니었습니다. 어느 정도 예배가 회복되어서 얼굴을 볼 수 있게 되었지만, 이미 교인들의 반은 더 이상 볼 수가 없었습니다. 곧 볼 수 있겠지 라는 기대도 시간이 지났음에도 별 변화가 없습니다.

그러나 이 또한 다시 우리를, 아지 저 자신을 돌아보는 시간이 되었습니다. 아직도 나오지 못하는 잃어버린 한 영혼을 찾고자 하는 목자의 간절함과 더불어 그 동안 숫자로 부풀어진 한국교회에 대해서 회개하는 마음을 주셨던 것입니다. 주님은 너희 교회는 몇 명이 모이냐가 아니라 너희 교회에는 예배자가 몇 명이냐고 물으시는 것이었습니다.

마치 이제 아무 소망이 보이지 않아 로뎀나무 밑에서 죽기를 구하던 엘리야에게 "아직 바알에게 무릎 꿇지 않고 바알에게 입 맞추지 아니한 칠 천 명이 있다"(왕상19:18)고 말씀하시는 것 같이 말입니다. 지난 한 해는 그렇게 지냈습니다. 매일 찾아오는 무기력과 우울감 속에서 주님께서 들려주시는 세미한 음성에 귀를 기울이며 버티었습니다.

우리교우들도 마찬가지였습니다. 얼마나 힘들었겠습니까? 얼마나 좌절되고 얼마나 두려웠겠습니까? 그러나 주님은 친히 그들을 찾아가 만나주시고 위로해 주셨습니다. 그리고 다시 예배의 축복을 부여잡고 조금씩 모이기 시작했습니다. 무엇보다 주님은 가정을 주님의 성전으로 만드는 광야 성막의 '임재'와 '이동'을 삶에서 적용하게 하셨습니다.

눈물겨운 시간이었지만, 돌아보니 이 또한 은혜였습니다. 이 책은 그렇게 지난 2년 동안 매주 우리 교우들과 나눈 [목자의 마음] 목양칼럼의 모음집입니다. 1부는 2019년 부임한 첫 주부터 한 해 동안의 여정을, 2부는 2020년 코로나의 시간 속에서 나누었던 애가(哀歌)와 애가(愛歌)를, 3부는 2021년 꽃 피는 부활절을 다시 바라보는 소망의 마음으로 각각 편집되었습니다.

 책 제목을 '목사가 많이 부끄럽습니다'로 정하게 되었지만, 마음은 웬지 머쓱합니다. 하지만 제목을 볼 때마다 이번 코로나 시간 속에서 만의 부끄러움이 아닌 제 원래 모습을 볼 수 있어서 감사한 마음입니다. 무엇보다 오늘 부활절에 이 책을 여러분과 나누게 되어서 감사할 뿐입니다. 부끄러운 목사이지만, 그래도 여러분들이 있어서 참 좋습니다.

 여러분 모두를 축복하고 사랑합니다. 하늘 복 많이 받으십시오.

2021년 3월28일 부활을 앞둔 종려주일 아침에,

장찬영 목사 드립니다.

P.S. ①우리교회 문서선교부와 문서선교에 함께 해 주신
   여러분들께 감사의 마음을 전합니다.
   ②각 칼럼마다 [나의 묵상]으로 한 가지 질문이 있습니다.
   나를 돌아보는 시간이 되시기 바랍니다.

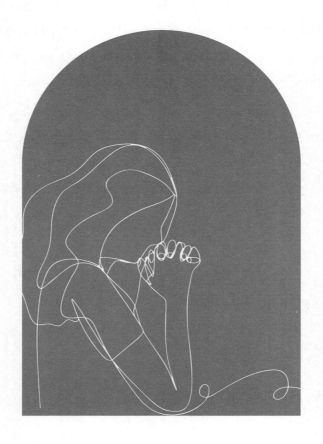

2019

아름다운 교회,
행복한 동행

　새해의 첫 번째 주일아침에 주님의 이름으로 문안드립니다. 아직 얼떨떨하고 낯선 감이 없지 않지만, 여러분들의 사랑과 기도로 잘 랜딩 (landing)하고 있어서 감사한 마음입니다. 지난 시간동안 조국 땅을 그렇게 자주 밟았지만, 이제는 방문이 아닌 정착이구나 생각하니, 아침마다 뭉클한 것이 바벨론 땅에서 예루살렘으로 돌아온 느헤미야의 마음을 느끼게 됩니다. 부족한 사람에게 당신의 귀한 몸을 섬길 수 있도록 허락해 주신 우리 주님과 허물 많은 사람을 따뜻한 사랑과 기도로 맞아주신 여러분들께 머리 숙여 감사의 마음을 드립니다.

　이런 가운데 올해 우리교회의 표어를 무엇으로 할까 하는 것은 지난 몇 개월 동안의 생각과 기도였습니다. 그러던 어느 날, 바울의 서신서를 묵상하는 가운데 떠오른 마음이 바로 '아름다운 교회, 행복한 동행'이었습니다. 그것은 초대교회를 향한 주님의 마음이었습니다. 또한 당연히 아름다워야 할 주님의 교회와 지극히 행복해야 할 동행이 어그러지고 사라져가는 교인들을 향한 목자의 심정이었던 것입니다. 바라기는 이 질문이 한 해 동안, 아니 이 땅 위에 살아갈 동안 저와 여러분들에게 거룩한 고민과 숙제가 되었으면 합니다.

그렇습니다. 주님께서 당신의 몸이신 교회를 우리에게 허락하신 이유가 여기 있음입니다. '아름다운 교회'와 그로인한 '행복한 동행'을 만드는 것은 우리를 향한 주님의 소원이십니다. 주님의 마음을 시원하게 하는 교회, 주님께서 기뻐 견디시지 못하는 교회에 대한 열망이 있어야 합니다. 이것이 좋은 교회이며 좋은 성도입니다. 한 번 밖에 없는 인생에서 가장 귀한 추억은 '아름다운 교회'와 거기서 만난 사람들과의 '행복한 동행'에 대한 이야기일 것입니다. 훗날 우리 모두 지난 시간을 얘기할 날이 올 것입니다. 참 좋았다고. 참 행복했다고... 기대가 됩니다. 우리 주님께서 어떻게 인도하실지. 어떤 그림을 그려주실지.

오늘 주일예배의 순서가 조금 바뀌어서 좀 당황하실 수 있을 것입니다. 오랫동안 익숙했던 것들로부터의 변화는 늘 낯선 손님 같습니다. 그런데 이렇게 새해 첫 예배부터의 예배변화를 가능하게 했던 것은 지난 송구영신예배 때 보여주신 여러분들의 모습 때문이었습니다. 성찬순서도 그렇고 다 편하지만은 않았을 터인데, 믿어주시고 순종해 주셔서 저도 은혜 가운데 예배를 집례 할 수 있었습니다. 그 동안의 것이 결코 잘못 되어서가 아니라, 여러 방법들을 통해 좋은 의미를 찾아가는 여정이라 생각해 주시면 좋을 듯 싶습니다.

그리고 오늘 예배를 통해 헌신을 고백하는 찬양대원들과 교회학교 선생님들을 축복합니다. 예배와 교육은 교회의 큰 기둥입니다. 여러분들을 통해 예배가 예배되고, 우리 자녀들이 주께 돌아오는 놀라운 일들이 일어나길 기도합니다. 또한 우리 중,고등부 자녀들이 오늘부터 3박4일 일정으로 겨울수련회를 떠납니다. 아이들이 정해진 일상과 틀에서 잠시라도 벗어나, 하나님 말씀을 대면하고 자기를 볼 수 있는 시간이 되었으면 합니다. 기억해 주시고 틈틈이 기도해 주십시오... 이번 한 주간도 하늘 복 많이 받으십시오.(2019. 01.6)

나의 묵상

▌우리 교회를 향한 나의 꿈과 기도는 무엇입니까?

태초에 하나님이 천지를 창조하시니라 _ 창 1:1

내가 말씀을
듣고 읽는 것 같지만

    제가 말씀묵상에 눈을 뜬 것은 유학시절 때였습니다. 물론 신학교에서 말씀을 배우고 안수를 받고 목회를 하고 있었지만, 솔직히 설교를 해야 하였기에 말씀을 보았지, 말씀이 저의 삶을 인도하고 저를 다스렸다고는 할 수 없었습니다. 열심히 사역을 하였지만, 늘 내면의 보챔은 저를 힘들게 하였고, 무언가 채워지지 않는 부족함의 연속이었습니다. 그런 가운데, 아는 사람 하나 없는 미국 땅에 내던져진 저에게는 그야말로 하루하루가 광야의 삶이었습니다. 어떤 것도, 아무 것도 할 수 없었던 그 때 저는 비로소 말씀 앞에 엎드렸던 것입니다.

    말씀은 제가 가지고 있었던 삶의 가치와 기준의 변화를 가져왔습니다. 그저 말씀을 읽고 듣는 것과 말씀의 이끌림을 받는 것은 완전히 다른 것이었습니다. 목사니까 하는 의무적 일과가 아닌 주님과의 친밀한 사귐이 일어나기 시작했습니다. 두려움과 불안, 쫓김으로부터 나와 주님이 주시는 평안과 안식을 맛보기 시작했습니다. 이후 유학생활을 잘 마칠 수 있었던 것은 물론 목회의 여정에서도 말씀묵상은 제 일상의 가장 중요한 우선순

위가 되었습니다. 무엇보다 상처가 많았던 저의 내면이 말씀 앞에 드러나면서 치유가 일어나기 시작했습니다.

물론 처음에는 쉽지 않았습니다. 말씀 앞에서 저는 조급했습니다. 다른 할 일이 먼저 생각나고 말씀보다는 다른 생각이 저의 인내를 흔들었습니다. 또한 저는 말씀의 인도함을 받는 것을 힘들어 했습니다. 내가 생각하고 내가 계획하는 것이 익숙했습니다. 그러나 하루하루 말씀에 눈이 열리면서 저의 조급함이나 저의 주도함이 힘을 잃어가기 시작했습니다. 말씀 앞에서 먼저 성령님을 초청하고 성령님의 임재에 마음을 쏟았습니다. 그러자 서서히 성령님께서 주도하시고 장악(?)해 나가시기 시작했습니다. 가족들조차 눈치채지 못했지만, 작은 변화들이 일어났습니다. 기다릴 줄 알게 되었고 그분께 맡길 줄 알게 된 것입니다. 이후로부터 내가 아닌 말씀이 저의 삶을 인도하기 시작했던 것입니다.

지난 주간은 우리교회에 와서 처음 새벽기도회에 참석하여 말씀을 나누고 같이 기도할 수 있었습니다. 지난 30년 전, 개척교회 때 드렸던 조국에서의 새벽기도 기억이 떠오르면서, 다시 새벽의 영성을 가르쳐 주시는 주님으로 인해 감사로 새벽을 깨울 수 있었습니다. 사실 새벽은 하나님의 지혜를 얻는 시간이기도 합니다. 저는 많은 부분, 새벽기도와 아침 묵상을 통해 문제 해결의 지혜를 받습니다. 주님 말씀 앞에 겸손히 나아가면, 세밀한 그분의 말씀을 통해 하루를 살 수 있는 힘과 능력을 받습니다. 이번 한 주간도 그러했습니다.

이번 주에는 우리교회가 속한 잠실지방에서 주최하는 '사경회'와 '계삭회'가 있습니다. 사경회(査經會)는 말 그대로 성경을 공부하는 모임이니 참 고마운 시간입니다. 또 계삭회(季朔會)는 계절이 시작하는 달의 초하루에 모이는 모임(분기별)으로, 우리나라 초기 감리교 시절부터 여선교회가 중심이 되어온 귀한 모임입니다. 아무쪼록 두 모임 다 말씀을 가까이 할 수 있는 기회이기에 여러분들의 많은 참여를 부탁드립니다. 잊지 마십시오. 내가 말씀을 듣고 읽는 것 같지만, 결국 말씀이 나를 지킨다는 것을. 이번 한 주간도 승리하세요. (2019.01.13.)

나의 묵상

▌내가 말씀에 눈을 뜬 것은 언제였습니까?

비판을 받지 아니하려거든 비판하지 말라 _ 마 7:1

예기치 않은
은혜와 감동

근간에 외국영화 중에, 몇 달 동안 극장계를 휩쓸고 있는 영화 하나가 있습니다. '보헤미안 랩소디'라는 제목의 영화입니다. 영화의 시작은 공항에서 수하물 노동자로 일하며 음악의 꿈을 키우던 이민자 출신의 아웃사이더로 살고 있던 한 청년이 한 무명의 로컬 밴드에 들어가면서, 밴드의 이름을 '퀸'(Queen)으로 그리고 자신의 이름도 '프레디 머큐리'로 바꾸는 장면으로 시작됩니다. 이후 독창적인 음악과 퍼포먼스로 월드스타 반열에 오르지만, 그 과정에서 겪는 주인공의 개인적 그리고 밴드 안에서 겪는 갈등과 아픔, 성장을 여과 없이 그대로 보여줍니다.

지난 월요일, 친구 목사가 찾아와서 대뜸 저를 데리고 간 곳은 영화관이었고, 그렇게 예기치 않게 본 영화가 바로 이 영화였습니다. 예기치 않은 (unexpected)데에 은혜가 있듯이, 지금도 잊혀지지 않는 대사들이 있습니다. 하나는, 앞으로 돌출된 이빨 때문에 가수되기는 힘들 것이라는 빈정거림에, 프레디 머큐리는 앞으로 나온 네 개의 이빨 덕분에 입안에 공간이 생겨서 다른 사람들보다 더 넓은 음역을 갖게 되고 덕분에 고음을 부를 수 있다고 대답합니다. 그는 누구에게나 있는 콤플렉스를 어두운 동굴로 보지 않고, 빛이 보이는 터널로 보았던 것입니다.

 그리고 너희들은 다른 밴드와 무엇이 다르냐고 묻자, 주인공은 순간적으로 "우린 부적응자들을 위해 연주하는 부적응자들입니다."라고 답합니다. 저는 이 대답이 교회의 정의와 사명을 가장 현대적으로 표현한 것은 아닐까 하는 마음이 들 정도였습니다. 목사의 눈으로 보니 그럴 수밖에 없겠지만, 아직도 여운이 남습니다. 그러던 중, 밴드 안에서 서로 갈등이 불거져 어려움이 있을 때, 주인공이 이렇게 얘기합니다. "가족이란 싸우기도 하잖아" 그런데 그 다음 대사는 큰 울림이었습니다. "그러나(거기 머물러 있으면) 밴드는 깨지는 것이 아니라 사라져..."

 비록 프레디 머큐리와 그의 친구들이 크리스챤은 아니었다 하더라도, 그들의 삶에는 우리가 배울 수 있는 인싸이트(insight)가 있었습니다. "두 사람이 길을 걸어도 한 사람은 스승이다"라는 격언처럼, 그들은 서로에게 좋은 교사가 되어 서로를 끌어주고 있었던 것입니다. 사실 우리는 우리주변의 사람들을 귀하게 보지 못하고 그냥 지나칠 때가 많이 있습니다. "가장 중요한 사람은 내가 지금 만나고 있는 사람이고, 가장 중요한 일은 지금 내가 하고 있는 일이다"라는 웨슬리 목사님의 말처럼, 그들은 다른 의견과 삶의 스타일들을 하나씩 극복해 나갑니다. 그리고 그렇게 자신들의 정체성을 만들어 가면서 한 시대를 풍미했던 위대한 뮤지션이 되었던 것입니다.

그렇게 영화가 마무리 되고, 마지막 노래인 'We are the champions'라는 노래가 울려 퍼질 때였습니다. 제 옆과 뒤에 있는 청년들이 흐느끼기 시작하는 것이었습니다. 조금은 당황스러웠지만, 이내 무엇이 저들에게 이런 감동을 주는 것일까, 생각이 복잡해졌습니다. 그것은 바로 "(여기까지버터 온) 당신이 바로 챔피온입니다"라는... 부적응자인 나에게 불러주는 가장 최고의 찬사였기 때문이었습니다. 생각지 못한 영화에서 예기치 않은 은혜(?)를 받으면서 여러분들이 생각났습니다... "사랑하는 여러분, 여기까지 오시느라 정말 수고 많으셨습니다." (2019. 1.20)

나의 묵상

▌ 나에게 '예기치 않은 은혜'는 무엇입니까?

범사에 기한이 있고 천하 만사가 다 때가 있나니 _ 전 3:1

금요성령집회에서
뵙고 싶습니다

    이번 주부터 [금요심야기도회]란 이름을 [금요성령집회]로 바꾸고, 시간은 저녁 9시에서 8시로, 장소도 본당에서 모이기로 하였습니다. 하지만 이런 외적 변화보다 더 중요한 것이 있습니다. 바로 여러분의 사모함과 적극적인 참여입니다. 문제에 대해 분석하고 얘기하는 것은 이제 충분하기 때문입니다. 문제 해결은 생각보다 단순할 수 있습니다. 함께 모여 예배하고, 기도에 집중하는 것입니다. 제가 아직 우리교회를 잘 모른다고, 그렇게 해선 문제가 해결될 수 없다고 하실 수 있습니다. 그러나 아무리 생각하고 또 기도해 보아도, 주님은 이것이 옳다고 말씀하십니다.

    [금요성령집회]로 이름을 바꾼 것은 좀 더 성령님께 마음을 모으고 그분만을 바라보기 위함입니다. 이 기도모임이 우리교회의 영적 발전소가 되어야 하기 때문입니다. 무엇보다 우리 모두, 기도가 절실하지 않은 분이 없기 때문입니다. 여러분 모두를 [금요성령집회]에 초청합니다. 장로님들, 권사님들, 속장님들, 임원분들의 얼굴을 보고 싶습니다. 너무 멀리 계신 분들이나 연로하신 분들은 힘이 드시겠지만, 가능한 분들의 참석을 꼭 권면

드립니다. 우리교회 시무 권사님들이 159명, 원로 권사님이 94명이라고 하니, 권사님들만 모여도 성전이 가득할 것 같습니다.

이제 기차가 서서히 움직이기 시작했습니다. 기차가 움직이면 타든지 혹은 안타든지 둘 중의 하나를 해야 합니다. 머뭇거리면 영영히 기차를 타지 못하고 놓칠 수 있습니다. 교회나 개인이나 은혜의 시간은 늘 오는 것이 아닙니다. 은혜를 잡는데도 타이밍이 있습니다. 물이 들어올 때에 노를 저어야 합니다. 그렇게 함께 가다보면 문제는 해결됩니다. 어차피 저에게는 모든 분들이 다 새롭고 똑같습니다. 어떤 선입견이나 편견도 없습니다. 그러나 아시는 대로 사공이 많으면 배가 산으로 가기에, 부족하지만 담임목사를 중심으로 기도와 말씀의 기차에 오르시기 바랍니다.

그렇게 기차에 올라 함께 하다보면, 기차는 우리 모두를 우리의 목적지에로 인도해 주실 것입니다. 우리 강남중앙교회라는 기차의 기장은 바로 주님이시기 때문입니다. 움직이지 못하면 기차는 방치되어 있는 커다란 고물에 불과합니다. 비행기는 날아야 비행기이고 기차는 달려야 기차입니다. 그리고 일단 움직이면 기차에는 속도가 붙습니다. 비로소 달리는 기쁨을 경험하게 됩니다. 같이 들판도 지날 것이고 함께 터널도 지날 것입니다. 놀랍게도 기차는 달릴 때 가장 안전합니다. 그러므로 우리가 그 안에서 할 것은 기장되신 주님을 신뢰하며 행복한 여행의 기쁨을 누리는 것입니다. 이것이 여러분 모두를 다시 초청하는 이유입니다.

감사한 것은 오늘부터 [새가족 성경공부](주일 9시40분-10시30분)가 시작됩니다. 일단 8층의 공간을 부분적으로 보수, 단장해서 활용하기로 하였습니다. 새가족들은 우리교회에 오면 먼저 간단한 만남의 시간을 갖고, 이후 저와 목회실에서 인도하는 4주 동안의 성경공부 시간을 갖게 될 것입니다. 이 만남을 통해 새가족들은 담임목사의 목회철학과 우리교회에서의 신앙생활에 대해 배우게 되고, 이후 해당되는 속회와 선교회에 연결될 것입니다. 새로운 공간 준비를 위해 애를 쓰신 분들이 많습니다. 이분들과 여러분 모두 하늘 복 많이 받으시기 바랍니다.(2019. 1.27)

나의 묵상

■ 내게 있는 선입견이나 편견은 무엇입니까?

주의 말씀은 내 발에 등이요 내 길에 빛이니이다 _시 119:105

다시 처음처럼

구정 명절 잘 보내셨는지요? 가족들과 지인들도 만나시고, 모처럼 쉼의 시간들을 갖으셨으리라 생각합니다. 그러나 여건상 그렇지 못하신 분들도 계셨다면, 주님께서 주시는 안식과 위로가 함께 하시길 기도드립니다. 우리가 이렇게 쉬는 동안 설을 앞두고 구제역이 발생하는 바람에 적지 않은 공무원들이 투입이 되었다는 소식과 더불어, 교회 인근 소방서와 경찰서에서 야근을 하고 계신 분들과 근처 고시원에 있는 학생들인 듯, 고향에 내려가지 못한 체 편의점에서 끼니를 때우는 청년들을 보면서 맘이 짠했습니다. 내년부터는 작으나마 도움을 드리면 좋겠다 싶습니다.

어쨌든 이렇게 음력으로나마 다시 새해를 시작할 수 있다는 것은 참 감사한 일임에 분명한 듯합니다. 덕분에 저도 '다시 처음처럼'의 새 마음을 갖게 되었습니다. 지난 시간, 제가 우리교회를 보면서 감사한 것들이 참 많은데, 그 중 하나가 교회 스텝(목회자와 직원)들 이십니다. 물론 우리교회의 크기나 사역의 활성화를 위해 보충되어야 할 영역들이 있지만, 다들 자신들의 자리에서 얼마나 성실하고 충성스럽게 사역하고 있는지 모릅니다.

또 교육전도사님들이 다 대학원생 신분이기에 파트타임으로 섬기고 계시지만, 다들 귀한 목사 후보자들로 열심히들 섬기고 계십니다.

그래서 더 더욱 여러분들의 사랑과 관심이 필요합니다. 우리 스텝들이 주님의 몸 된 교회를 잘 섬길 수 있도록 또 그분들의 가족들을 위해서도 기도해 주십시오. 담임목사는 장로님들의 사랑이면 족합니다. 여러분들의 사랑과 마음을 우리 직원들과 목회자들, 그들의 가족에게 보여 주십시오. 말 한 마디라도, 작은 마음이라도 나누면 사랑은 커집니다. 교회의 수준과 질은 스텝들의 영성과 사기에서 드러납니다. 또 이왕에 섬기는 것도 마치 손아래 사람 돕는 것처럼 이 아닌, 공감과 존중의 마음으로 품위 있게 또 소리 없이 도와주십시오. "용각산은 소리가 나지 않습니다"

그래서 '다시 처음처럼'의 마음으로, 스텝들도 다함께 시무식을 예배로 시작했습니다. 지난 주일설교에서 나누었던 중용 23장의 내용을 나누면서, 다시 잘 섬겨야지 하고 마음을 모았습니다... "작은 일도 무시하지 않고 최선을 다해야 한다/ 작은 일에도 최선을 다하면 정성스럽게 된다/ 정성스럽게 되면 겉에 배어 나오고/ 겉에 배어 나오면 겉으로 드러나고/ 겉으로 드러나면 이내 밝아지고/ 밝아지면 남을 감동시키고/ 남을 감동시키면 이내 변하게 되고 변하면 생육된다/ 그러니 오직 세상에서 지극히 정성을 다하는 사람만이/ 나와 세상을 변하게 할 수 있는 것이다."

이 글을 대할 때마다 마음이 새로워집니다. 매일의 하루가 참 새롭습니다. 그냥 되는대로 살아야지, 대강 적당히 해야지 하는 마음이 사라집니다. 그 동안 그렇게 살았던 모습이 부끄러워집니다. "작은 일도 무시하지 말고 최선을 다해야 한다"고 마치 주님이 말씀하시는 것 같아, 주님의 칭찬을 듣고 싶은 열망이 생깁니다. 그렇게 하나님은 우리에게 다시 기회를 주시는 분이십니다. 먼저 마음을 새롭게 하면 몸은 따라갑니다. 그러면 새롭게 해야 할 영역이 보입니다. 그렇게 그것을 놓고 기도하면 소망이 보이고 비전을 갖게 됩니다. 음력이지만 다시 주시는 새해, 다시 처음처럼의 마음으로 일어나 보시기를 기도드립니다. (2019. 2.10)

나의 묵상

▌내가 다시 시작해야 할 것은 무엇입니까?

심령이 가난한 자는 복이 있나니 천국이 그들의 것임이요 _ 마 5:3

26

우리의 약속

　우리교회에 오기 전, 몇 달 동안 우리교회에 대한 중.장기 목회계획을 생각해 본 적이 있었습니다. 처음에는 우리교회에 대해서 전혀 알 수 없었기에 많이 막막했는데, 매일 저녁 기도할 때 마다 성령님께서 조금씩 영의 눈을 열어 주셨습니다. 찬송을 부르고 그날 해당되는 성경을 읽고 묵상한 후에 기도하는데, 교회를 위해 기도할 때면 어김없이 감사와 더불어 생각지 못한 눈물의 마음을 주시기 시작했습니다. 그렇게 주님은 기도로 우리교회에서의 목회를 준비하게 하셨고, 우리교회를 향한 당신의 마음과 계획을 보여주시기 시작하셨습니다.

　한번은 기도할 때에 주님은 저희교회의 안으로 저를 인도하시는데 그곳은 마치 병원처럼 많은 사람들이 여기 저기 누워있는 것이었습니다. 주님은 슬픈 눈으로 저에게 이 사람은 여기가 아프고 저 사람은 저기가 아프고 하시는데, 말씀을 하시는 주님의 안타까운 마음이 느껴져 한참을 울면서 기도했던 적이 있었습니다. 그래서 "주님, 그러면 제가 무엇을 하면 되나요?" 라고 묻자, 주님은 "아니, 무엇을 하려 하지 말구. 그냥 그 사람들

옆에 있어주면 된다..." 하시는 것입니다. "그래도?..." 다시 묻자, 저에게 큰 두루마리 성경책을 주시면서 "이것이면 족하다" 하시는 것입니다.

망치로 한 대 얻어맞은 것 같았습니다. 주님은 저에게 무엇을 어떻게 해야 하는지를 보여주셨고, 제가 어떤 마음으로 목회를 해야 하는지를 알려주셨던 것입니다. 이후 저는 저의 계획을 하나씩 지워 나가기 시작했고, 저에게 주셨던 것이 '하나님의 약속'인 성경책인 것과 같이 우리교회가 주님께 드려야 할 '우리의 약속'이 있을 것이라는 생각에서 고백되어진 것이 바로 '우리의 약속'입니다. 약속은 사랑과 신뢰에서만이 가능하기에, 이 '우리의 약속'은 우리교회의 정체성과 사명으로 이제 그에 대해 책임을 지겠다는 주님과의 약속인 셈입니다. 부디 마음에 잘 새기셨으면 합니다.

• 우리는, 성경 중심의 복음적 교회를 지향해, 다음 세대에게 믿음을 전승합니다.

• 우리는, 제자 훈련의 건강한 배움을 통하여, 성숙한 그리스도인으로 성장합니다.

• 우리는, 시대 속에서 주님의 마음을 본받아, 참 사랑과 나눔의 삶을 실천합니다.

약속은 크게 세 가지 영역입니다. 첫 번째는, 주님의 교회에 대한 약속입니다. 선교와 봉사, 교육은 복음의 열매입니다. 그래서 우리는 먼저 '성경중심의 복음적 교회'로서의 약속을 하는 것입니다. 두 번째는 그러한 교회가 되기 위해 제자로서 자라나겠다는 약속입니다. 성장하고 성숙하여 그러한 교회를 만들어 가겠다는 다짐인 것입니다. 그리고 세 번째는, 동시에 선교적인 교회로서 세상에 소금과 빛이 되겠다는 약속입니다. 우리는 이 땅에 보냄을 받았기에, 더불어 함께 사는 사람들에게 주님의 마음과 사랑을 전하는 삶을 살아야 합니다. 주님께서 우리에게 약속하셨듯이, 우리도 주님 오시는 그 날까지이 약속을 지켜가는 것입니다. (2019. 2.24).

나의 묵상

▌ 나는 주님과 어떤 약속이 있습니까?

주는 영이시니 주의 영이 계신 곳에는 자유가 있느니라 _ 고후 3:17

사순절에 만나는 봄님

　요즘 날씨가 완연히 봄입니다. 지난 12월 말에 저희교회 왔을 때만 해도 매서운 동장군으로 옷깃을 여미면서 지냈는데, 지난 주말에는 처음으로 외투를 입지 않고 밖에 나가기도 했습니다. 사실 매년 맞는 봄이지 하면 그렇게까지 새로울 것도 없겠지만, 봄은 늘 신비스럽고 그렇게 고마울 수가 없습니다. 벌써 한참 전인 15년 전 즈음에 중국에서 만난 탈북자 한 분을 다시 우리나라에서 만났을 때, 그 분의 첫 고백은 "목사님, 정말 봄이 왔네요." 였습니다. 수 년 간을 중국과 몽고, 태국을 통해 우리나라에 들어온 그로서는 지난 온 모든 시간이 기적처럼 느껴졌을 것입니다.

　그래서 아무리 혹독한 겨울을 맞이하고 있을지라도 '겨울은 봄을 이길 수 없다'라는 말을 다시 한 번 생각하게 됩니다. 그래서 시인들은 유독 사계절 중에 봄에게만 '봄님'이라고 하여, 마치 언젠가 다시 오실 사랑하는 님을 향한 그리움으로 표현하기도 했습니다. 사실 이 땅에는 그만큼 봄님을 기다리는 사람들이, 아니 봄이 와야 해결될 수 있는 일들이 너무 많기 때문입니다. 지난 주간 베트남에서 있었던 북미 정상회담만 보아도 사실 전에는 생각조차 할 수 없었던 일이었고, 앞으로 한반도 땅에 일어날 일들도 그러할 것입니다. 오직 한 분, 봄님이 오셔야만 가능할 것입니다.

나라만이 아닙니다. 교회나 가정에도 봄님이 와야만, 말 그대로 눈 녹듯이 해결될 수 있는 일들이 있습니다. 우리의 갈등은 해결의 기미조차 보이지 않을 정도로 늘 깊고 차갑습니다. 이것은 우리의 의지나 결단으로만은 어렵습니다. 시골에서 목회할 때, 얼어붙은 땅을 파서 구덩이를 만들어 보겠다고 하여 고생했던 적이 있습니다. 제 모습을 본 마을의 어른이 땔감나무를 가져다가 땅에 불을 지피는 것입니다. 그리고 그렇게 한 참 한 후에 땅을 파라는 것입니다. 이것은 저의 삶과 목회에 큰 영향을 주었습니다. 얼어붙은 땅이나 마음은 오직 성령님이 오셔야만 해동될 수 있구나...

그렇습니다. 스스로 자신을 녹일 수 있는 사람은 아무도 없습니다. 마치 옛날 편지에 발신자의 인장이 촛농 위에 찍혀 있는 것처럼, 우리의 모습은 자신도 모르는 체 굳어져 있음입니다. 때로는 내가 원하지 않는 이름으로 인이 쳐있습니다. 가난한 자, 포로된 자, 눈 먼 자, 눌린 자의 이름으로... 그런데 성령님이 내게 오시니 비로소 촛농은 녹고 거기에 새겨진 이전의 모든 자국들이 사라지는 것입니다. 성령님은 불이시기 때문입니다. 그리고 그 위에 우리 주님께서 당신의 인장을 다시 찍으십니다. "너는 나의 것이다. 너는 나의 자녀. 이제 그 어떤 것도 너를 얼어붙지 못하게 할 것이다"... 예수님은 봄님이십니다. 그 봄님 같은 예수님이 다시 오고 계십니다.

교회력으로 '사순절'(四旬節)이 봄과 함께 시작한다는 것은 또 하나의 신비요, 주님의 배려이십니다. 나라는 물론 교회와 가정을 살리고 회복하는데 가장 좋은 시간인 이때에, 우리교회는 '신약성경을 1독'하면서 주님의 오심을 기다리는 시간으로 삼고자 합니다. 봄님이신 우리 주님은 말씀의 따뜻한 불을 통해 우리의 얼어붙은 마음을 녹여주실 것입니다. 그 동안 성경을 통독해 보지 못한 분들이 계시다면, 이번 신약 1독은 여러 면에서 의미가 있을 것입니다. 사순절이 끝날 무렵, 몇 분이나 신약성경을 완독했을까? 또 우리교회와 나는 어떤 모습으로 녹아져있을까? 기대가 됩니다. (2019. 3.3)

나의 묵상

▌내가 봄님으로 녹아져야 할 부분이 있다면 어느 영역입니까?

사람이 여호와의 구원을 바라고 잠잠히 기다림이 좋도다 사람은 젊었을 때에 멍에를 메는 것이 좋으니 혼자 앉아서 잠잠할 것은 주께서 그것을 그에게 메우셨음이라 _ 애 3:26-28

미세 먼지 그리고
홈 커밍 데이

요즘 미세 먼지 때문에 많이 힘드시지요? 지나가는 한 분이 '에이, 죽을 맛이네' 하는데, 이제는 공기를 가지고도 '죽음'에 대한 이야기를 하게 되었나 하는 마음이 스쳤습니다. 사실 저도 조국에 도착한 이후로 늘 목이 따끔 따끔하고 하여, 처음엔 대수롭지 않게 여겼는데 요즘은 무엇보다 설교에 지장에 있을까 하여 더 신경을 쓰고 있습니다. 그런데 문득 35년 전 신학교에서 공부할 때가 생각이 나는 겁니다. 당시 독일에서 공부하고 온 교수님이 개강한 과목이 '생태학 신학'이었고 나름 심각하게 문제를 제기하셨는데, 사실 그 때는 이게 뭐지 할 정도로 많이 낯설었던 기억입니다.

사실 어떤 명제에 'OOO 신학'이라는 단어가 붙었다는 것은 이미 삶의 현장에서 그것이 문제가 되어 신학적 질문으로 돌아왔다는 것을 의미합니다. 그렇기에 '생태학 신학'이라는 말은 이미 생태학에 큰 문제가 생겼고, 주님으로부터 만물을 위임받은 교회와 그리스도인들이 이를 등한시 할 경우 심각한 문제가 될 수 있다고 하는 경고인 셈입니다. 그러나 오직 떡에만 관심을 갖고 살았던 시절, 공기의 문제가 이렇게 심각하게 될 줄은 당시 정부는 물론 교회에게도 관심 밖의 그저 남의 얘기였던 것입니다. 결국 35년 전의 무시된 경고는 이제는 '죽을 맛'이라는 단어로 돌아 온 셈입니다.

그래서 조금만 신경을 쓰고 조금만 더 마음을 모아 대비를 했다면, 이 지경까지는 아니었을 터인데 하는 마음이 더 아쉬운 요즘입니다. 늘 소 잃고 외양간 고치는 식이 되어 자조스럽지만, 그래도 남아 있는 소라도 잃지 않으려면 그나마 무너진 외양간이라도 고쳐야 하기에 다시 생각을 모으게 됩니다. 사실 공기문제로 시작했지만, 이 같은 적용은 교회에서도 크게 다르지 않습니다. 돌아보면, 한국 교회는 지난 20년 전부터 '교인 감소'라는 심각한 문제를 겪고 있습니다. 사실 그 동안 경고가 없었던 것이 아니었지만, 계속적인 경고에도 불구하고 애들 말대로 '죽음'의 지경까지 온 것입니다.

또한 '교인 감소'만의 문제가 아닙니다. 사실 숫자는 늘 부풀려지고 늘 허상이 될 때가 많습니다. 사라져가고 정말 죽어가는 것은 숫자 이상의 '선한 영향력'입니다. 아무 감격도 감동도 없는 마치 종교인의 껍데기를 쓰고 있는 모습입니다. 우리 믿음의 선배들은 비록 가난하고 배움도 짧았지만 선한 영향력이 있었습니다. 초대교회 성도들처럼 그들은 사람들에게 칭송을 받았고, 세상은 그런 모습을 보고 궁금해 했습니다. 무엇이 저 사람들을 저렇게 하게 할까?... 죽는다는 것은 생명력이 없다는 것입니다. 생명이 없는 예배, 생명이 없는 삶으로 속이 많이 상합니다. 무엇이 우리를 이렇게 만들었을까요?

그런데 더 심각한 것은, 공기는 중국에서 왔다고 우기기라도 할 터인데, 교회의 '죽음' 현상은 외부로부터 온 것이 아니라, 교회 안에서 우리 스스로가 그렇게 만들었다고 하는 사실(fact) 때문입니다. 어른들이 떡의 문제에 잡혀 있을 동안, 우리 자녀들은 하나 둘씩 교회를 떠나가고 있었던 것입니다. 사실 우리교회도 예외가 아닐 것입니다. 그래서 이제라도 외양간을 고치고, 집을 나간 양들을 찾아보려고 하는 것입니다. 이것마저 안 하면 당신의 양을 맡긴 주님께 너무도 죄송하기 때문입니다. 이번 한 주간, 잃어버린 양들, 우리가 우리 밖으로 내 보낸 양들, 그 동안 잊혀진 양들을 떠 올려 보십시오. 여기서부터 [홈 커밍 데이]는 시작되어야 할 것입니다. (2019. 3.10)

나의 묵상

■ 나와 우리교회에게 '집을 나간 양들'은 누구입니까?

너의 하나님 여호와가 너의 가운데에 계시니 그는 구원을 베푸실 전능자이시라
그가 너로 말미암아 기쁨을 이기지 못하시며 너를 잠잠히 사랑하시며
너로 말미암아 즐거이 부르며 기뻐하시리라 하리라 _ 습 3:17

본립도생(本立道生) 그리고 무신불립(無信不立)'

관공서나 기업 같은 곳에서는 매년 한 해를 시작할 때 마다 그 해를 이끌어갈 정신과 각오에 대해서 사자성어(四字成語)를 사용해서 발표하곤 합니다. 또 어느 때 부터인가 우리나라에선 대학교수들이 그 해를 돌아보면서 한 시대의 시간들을 사자성어로 평가하기도 합니다. 이제 어느덧 새로운 계절을 맞이하면서, 저는 오늘 우리교회가 다시 새겼으면 하는 두 개의 사자성어를 나누고 싶습니다. 첫 번째는 '본립도생'(本立道生)으로 '본질을 바로 세우면 자연스럽게 길이 생긴다'이고, 두 번째는 '무신불립'(無信不立), 즉 '믿음이 없으면 어떤 것도 세우지 못한다'는 것입니다.

군이 편법이나 변칙적인 방법을 찾지 않아도 기본에 충실하기만 하면 언제든지 길이 열릴 것이라는 것입니다. 또한 의심이나 비판의 눈이 아닌 상대를 믿어주는 신의를 가지고 있으면 분명 공동체는 다시 세워질 수 있다는 것입니다. 그런데 가만히 돌아보니, 여러분 모두가 그렇게 달려오셨기에 새삼 이 사자성어들을 말씀드리는 제 자신이 부끄러워집니다. 지난 석 달, 여러분들은 예배와 기도에 집중해 주셨고 매 시간 은혜를 갈구하셨습니다. 또한 연약하고 부족한 사람을 여러분의 목자로 받아주시고 믿어주심으로 저 역시 다시금 목회의 기쁨을 회복할 수 있었습니다.

　이것이 우리교회의 힘이요 여러분들의 모습입니다. 성 프란체스코의 말처럼 "본질에는 일치를, 비본질에는 관용을, 모든 일는 사랑을"이라는 마음이 가장 필요합니다. 비록 생각과 의견을 다를지라도 예배와 기도라는 본질에 뜻을 모으면, 나머지 문제들은 해결이 되는 것입니다. 볼링을 칠 때 마다 1번과 3번 사이로 볼을 보내는 이유는 나머지 핀들이 쓰러질 확률이 가장 높기 때문입니다. 그리고 그러한 본질의 추구에는 사랑이라는 신뢰와 믿음이 있을 때 본질은 꽃을 피우고 열매를 맺게 되는 것입니다. 이것을 부단히 연습하고 익혀 자신의 것으로 만드는 곳이 교회인 것입니다. 그럴 때 비로소 교회는 주님의 교회가 되고 세상은 교회를 두려워하는 것입니다.

　이런 가운데 지난 두 주 전에 실시했던 [예배/속회/선교회/교육에 대한 설문조사]에서 저는 여러분들의 본질에로의 회복에 대한 열망과 새로운 변화에 대한 바램을 알 수 있었습니다. 그것은 먼저 교회를 향한 사랑과 목마름이었고, 무엇보다 변화에 대해선 넉넉한 수용의 마음이셨습니다. 지난 2,000년 동안 교회는 늘 새로운 시대가 주는 도전 속에서 존재해 왔습니다. 그래서 우리가 두려워하지 않고 지난 경험이나 우리의 선입관만 내려놓는다면, 우리는 본질을 놓치지 않으면서 같은 마음으로 새로운 '변화'(Change)를 새로운 '기회'(Chance)로 맞이할 수 있는 것입니다.

지난 석 달 동안, 우리는 예배의 변화와 조정에 대한 많은 얘기를 나눌 수 있었습니다. 권사들 전체모임과 속장 및 선교회장 모임, 몇 번의 기획 위원회와 청년부 리더십 모임 또 예배조정 위원회를 통해서, 무엇보다 적지 않은 기도와 묵상을 통해 우리는 우리교회의 나아갈 길에 대해서 계속 묻고 확인할 수 있었습니다. 감사하게도 그 결론은 대단히 희망적이고 밝았습니다. 본질을 놓치지 않고, 그것을 가능케 하는 믿음만 가지고 있다면 우리는 그 어떤 변화도 수용하고 그 어떤 사명도 감당할 수 있음입니다. 그렇습니다. 주님은 당신의 몸인 우리교회를 그렇게 세워 나가십니다. 여러분들의 기도와 헌신에 깊은 감사를 드립니다. (2019. 3.17)

나의 묵상

▌내가 세워야 할 믿음과 삶의 중심은 무엇입니까?

욕심이 잉태한즉 죄를 낳고 죄가 장성한즉 사망을 낳느니라 _ 약 1:15

우리를 부끄럽게 하는
도마뱀 사랑

　뉴스에서 들려오는 세상 돌아가는 이야기는 때때로 아니 많이 우리를 좌절시키고 낙담시킵니다. 최근 회자되고 있는, 유명 연예인들이 연류 된 강남의 호화 클럽과 그와 연계된 상상할 수 없는 향응비와 섹스 스캔들 게다가 정부의 고위직 인사가 뒤에 있다는 얘기 등등. 사실 이제 새삼스럽지 않음에도 참 세상은 어찌 이리 요지경이고 한결같은지 한숨이 절로 나오는 때입니다. 그런 가운데 다시 보게 된 이야기 하나가 있어서 나누어 보고자 합니다. 아무리 세상은 그러할지라도 이런 사랑도 있다는 것을 다시 확인하고 싶은 마음이랄까. 심지어 예화의 주인공이 사람이 아닌데도 말입니다.

　일본 도쿄 올림픽 때 이야기인데, 스타디움 확장을 위해 지은 지 3년 되는 집을 헐게 되었답니다. 일꾼들이 지붕을 옮기려는데 우연치 않게 꼬리 쪽에 못이 박혀서 움직이지 못하는 도마뱀 한 마리를 발견했는데, 놀랍게도 이 도마뱀은 살아서 몸부림을 치고 있었던 것입니다. 3년 전, 인부들이 공사를 할 때 이 도마뱀이 못이 박혔던 것입니다. 사람들은 이 도마뱀이 못에 박혀서 움직이지 못한 상태에서도 3년 동안이나 살아남은 사실이 궁금해서, 사흘 동안 철거공사를 중단하고 이 도마뱀을 살펴보기 시작한 것입니다.

놀랍게도 하루에 몇 번이나 다른 도마뱀 한 마리가 먹이를 물어다 주는 것이 관찰되었습니다. 바로 또 다른 도마뱀의 사랑 때문에 기적이 일어났던 것입니다. 물론 이 도마뱀이 못에 박힌 도마뱀과 어떤 관계인지는 모르지만, 중요한 것은 3년 동안이나 못 박혀 꼼짝도 하지 못한 체 고통당하고 있는 도마뱀을 다른 도마뱀이 살려냈다는 것입니다. 이 사실은 일본 열도 안에 퍼져나갔고, 당시 많은 사람들에게 감동과 찔림을 주었습니다. 말 못하는 미물들의 세계에도 아름다운 사랑이, 아니 진짜 사랑이 존재한다는 사실이 다시 한 번 입증되었기 때문입니다.

이 이야기가 일본 열도를 부끄럽게 한 것은 당시 이미 일본에 급증하고 있는 사회적 욕망과 탈선이 끝도 없이 치솟아 오를 때였기 때문입니다. 사실 눈에 보이는 세상과 욕망의 힘은 생각보다 훨씬 크고 강력합니다. 안목의 정욕과 이생의 자랑은 이미 수위를 넘은 지 오래 이고, 순결과 거룩이란 단어는 가장 경쟁력이 떨어지는 시대가 되어 버렸습니다. 마치 나방이 죽을 것을 알면서도 불로 들어가듯이, 모든 사람들이 마치 욕망이란 전차를 타고 지옥을 향해 달려가고 있는 것 같습니다. 그런데 주님께서 말씀하십니다. "아무리 세상이 그러해도, 다 그런 것 같아도, 아니 아직도 사랑은 있어" 라고 말입니다.

이것이 어찌 일본 사람들만의 이야기이겠습니까? 오늘이라고 하는 역사 이래로 가장 급속도의 문명을 자랑하는, 그러나 가장 이기적이고 가장 탐욕적인 게다가 그것을 사랑이라고 부르며 살고 있는 우리는 어떠할까요? 이 이야기를 들은 시인 도종환은 "그때 그 도마뱀은 무슨 표정을 지었을까?" 라는 시를 쓰기도 했습니다. 하나 굳이 시인의 상상력을 동원하지 않더라도, 그저 이 도마뱀이 보여준 사랑에 대해 작은 흉내라도 낼 수 있다면, 점점 종교인이 되는 오늘날의 그리스도인의 모습에서 이 도마뱀 사랑의 십분의 일만이라도 보여 질 수 있다면 얼마나 좋을까? 나만 잘하면 되는 줄 알면서도, 하루 종일 괜히 읊조리게 되는 하루입니다. (2019. 3.24)

나의 묵상

■ 나에게 안목의 정욕과 이생의 자랑은 무엇입니까?

그러나 너희는 택하신 족속이요 왕 같은 제사장들이요 거룩한 나라요
그의 소유가 된 백성이니 이는 너희를 어두운 데서 불러 내어
그의 기이한 빛에 들어가게 하신 이의 아름다운 덕을 선포하게 하려 하심이라 _ 벧전 2:9

지난 삼 개월,
참 행복했습니다.

　오늘 주일이 우리교회에서 3개월의 시간이 되는 날입니다. 사실 저에게
도 지난 22년간의 타향 생활을 뒤로 하고 전혀 낯선 목양지에서의 시작은
쉽지 않았지만, 또한 여러분들도 전혀 새로운 목사를 맞이하고 적응해 간
다는 것이 쉽지 않으셨으리라 생각이 듭니다. 그래서 다시금 여러분 모두
에게 감사의 마음을 드리게 됩니다. "정말 수고 많으셨습니다." 그래서 이
번 주간은 제가 우리교회에 오기까지의 시간들을 다시 돌아보게 되었습니
다.

　아들이 있는 아틀란타에 있을 때, 존경하는 선배 목사님 한 분이 찾아
오셨습니다. 보통 찾아오신 분들은 대부분 "어떻게 지내냐?" "무리하지 말
고 쉰 김에 푹 쉬어라" 등의 안부와 염려의 메시지였는데, 이분은 달랐습
니다. 대뜸 저를 보시더니 "목사 치고 안 아픈 사람이 어디 있어?" 그리고
"목사가 쉬는 게 자랑이냐?"하시면서 마지막 결정적인 펀치로 제 영혼을
흔드셨습니다.

"장목사, 내가 너를 그 동안 20년 이상 보아왔지? 그러니 내가 너를 안다고 할 수 있지? 또 내가 너를 위해 얼마나 기도하는지 알지? 그러니 내 말을 잘 들어라. 장목사, 너는 설교해야 산다. 너는 설교할 때가 가장 행복한 사람이야..." 어떤 반응을 해야 할지 몰라 저는 그저 묵묵히 있을 수밖에 없었는데, 저 만치에서 과일을 준비하던 아내는 그 이야기를 듣고 눈물을 흘리고 있었습니다.

그리고 그 날 밤 저는 한 숨도 잘 수 없었습니다. 우리교회를 섬기는 것을 내려놓고 있던 터라, 괜히 마음에 불을 지르시는가 하는 원망의 마음이 들기도 하였는데, 이내 "주님, 제가 뭐라고 이렇게 하시나요?"하는 저의 부르심을 돌아보게 되었습니다. 목사님의 말씀은 제가 다시 조국으로 돌아와 우리교회를 섬기는 것을 결정하는 것에 큰 계기가 되었습니다. 그리고 지난 3개월, 여러분들과 함께 예배를 드리고 말씀을 나누면서 이것을 확인할 수 있었습니다.

평상시에는 이래저래 온전치 못하다가도, 설교를 준비하는 시간에는 어떻게 그렇게 마음이 조급해지고 생각지 못한 행복감이 밀려오는지 그리고 말씀을 기다리는 여러분들을 보고 말씀을 전할 때에는 언제 그랬느냐 싶을 정도로 힘이 납니다. 이것은 아무리 생각해도 정말 놀라운 신비입니다. 말씀을 전할 수 있고, 말씀을 나눌 수 있는 성도들이 있다는 것이 이렇게 행복한 것이구나 다시금 깨닫게 되었습니다.

'아름다운 교회, 행복한 동행'을 다시금 새길 수 있었습니다. 지난 3개월, 저에게 이런 놀라운 행복감을 찾게 해주신 여러분들께 큰 감사의 마음을 드립니다. 신앙생활은 행복하지 않으면 때로는 행복을 빼앗아 가는 모습으로도 바뀔 수 있기 때문입니다. 그래서 매번 행복을 확인하고 찾아야 합니다. 주님은 우리가 잃어버린 행복을 다시 찾기를 원하십니다. 이것이 주님의 마음이요 우리를 향한 소원이십니다.... "여러분, 행복하세요?" (2019. 3.31)

나의 묵상

▌나는 언제 가장 행복합니까?

보라 형제가 연합하여 동거함이 어찌 그리 선하고 아름다운고 _ 시 133:1

마흔 세 살, 다시 우는 교회이고 싶습니다

인간이 세상에 태어나서 제일 먼저 배우는 것은 '울음'입니다. 아기는 세상에 나오는 순간, 울음과 함께 새로운 생명이 시작됩니다. 두 번째로 배우는 것은 '웃음'입니다. 그렇게 울던 아이가 웃습니다. "까꿍" 하면 천사의 미소를 띱니다. 아기를 기르다가 힘들다가도 이것 때문에 마음이 녹습니다. 그리고 세 번째로 배우는 것이 '말'입니다. 엄마, 아빠, 까까를 배웁니다. 사실 말을 배우기 이전의 아기는 모든 의사소통을 울음으로 합니다. 그래서 다른 이는 몰라도 엄마는 아기의 울음소리만 들으면 무엇을 요구하는지를 압니다.

이렇듯 눈물은 가장 근본적인 의사소통이요, 마음의 표현인 것입니다. 그래서 우리가 가진 감정의 바다에서 웃음을 '파도'로 그리고 눈물은 '해일'로 비유하곤 합니다. "애통(울음)을 통과한 자가 진정한 웃음을 가질 수 있다"고 하는 이유가 여기 있습니다. 마음 깊은 곳에 가라앉아 있거나 감춰 둔 상처들을 끌어올려 해갈시키는 눈물은 감정을 순화시키고 영혼까지 정화시킵니다. 그래서 철학자 쇼펜하우어는 "눈물을 모르는 눈으로는 진리를 보지 못하며, 아픔을 겪지 아니한 마음으로는 사람을 알 수 없다"고 까지 했습니다.

그래서 어느 날 예배에서 주님의 임재를 느끼는 순간 우리는 이 울음을 경험하게 됩니다. 설령 예수님의 십자가 사랑을 잘 모른다 하여도, 가슴이 먹먹해지고 나도 모르는 눈물을 만나게 됩니다. 때로는 감격해서, 때로는 서러워서, 때로는 감사하여 그리고 비로소 주님의 마음을 알게 되어. 이렇듯 진정한 하나님의 사랑은 눈물을 통해서 전달되고 느껴집니다. 예수님께서도 혹 눈물이 메마른 우리를 향해 말씀하십니다. "아, 이 세대를 무엇으로 비유할꼬, 너희는 피리를 불어도 춤추지 아니하고 곡을 하여도 울지 않는구나"(눅7:32)

오늘은 우리교회 창립 43주년이 되는 주일입니다. 참으로 감사하고 기쁜 날입니다. 지난 1976년 4월 11일, 주님의 몸인 우리교회가 이 땅에 태어난 것입니다. 그 초창기 시절, 많이 감격스러웠겠지만 얼마나 울었을까 짐작이 갑니다. 우리 주님께서 그 울음을 들으시고 지금까지 인도해 주신 것입니다. 그래서 그런지 오늘 저에게 주시는 마음은 그저 감사나 감격이 아닌, '다시 눈물' 입니다. 우리교회가 그렇게 예배의 감격으로 울었던, 서로 안아주며 울었던, 기도의 자리를 지키며 버티면서 울었던 그 눈물을 그리워하게 됩니다.

마흔 세 살이지만, 다시 많이 울었으면 좋겠습니다. 예수님의 눈물 한 방울이 우리 교회 위에 떨어졌으면 좋겠습니다. 주일예배 드릴 때마다, 새벽

기도회 때마다, 금요성령집회와 속회 때 마다, 아니 만나기만 하면 울었으면 좋겠습니다. 은혜 받아서 울고, 좋아서 감사해서 울고, 용서가 되어서 울고, 교회가 교회되어서 울고... 가만 보니 우리교회는 축복받은 교회입니다. 예배 때 마다 많이들 우십니다. 남자 분들도 많이 우십니다. 이런 성도가 많은 교회를 섬기는 저는 참 복 받은 목사입니다. 울보 목사가 오늘 또 울고 있습니다. (2019. 4.7)

나의 묵상

▌최근에 언제 우신 적이 있습니까?

영혼 없는 몸이 죽은 것 같이 행함이 없는 믿음은 죽은 것이니라 _ 약 2:26

너 바보니?
소리가 그립습니다

    초등학교 시절 처음 교회에 나갔을 때 만해도 부모님은 그렇게까지 마음을 쓰지 않으셨습니다. 그냥 친구들하고 노나 보다 했던 것 같습니다. 그러던 어느 날 제가 집에서 성경을 읽고, 혼자 일어나 새벽기도를 가는 걸 보시더니 조금씩 심각해지셨습니다. 그리고 중학교 올라가서 제 도시락을 자기보다 더 가난한 친구에게 주고, 예수님 안 믿는 가족들과 친구들, 선생님 얘기하면서 우는 걸 보시더니, 안되겠다 싶으셨는지 어머니가 하루는 저를 부르셨습니다. 그리고 진지하게 하시는 말씀이 "너, 바보니?" 오랫동안 여운이 남았던 말이었습니다.

    그런데 그때 어머니의 말씀이 오히려 약이 되었습니다. 그 말씀을 '아, 예수님 믿는 것은 바보가 되어야 하는 거구나'로 이해를 하고 더 바보 흉내를 냈으니, 참 돌아보면 저는 바보였던 게 맞는 것 같습니다. 그랬던 저의 바보 노릇은 예수님 믿는 사람이 단 한명도 없던 아버지 쪽 장(張)씨 집안과 어머니 쪽 김(金)씨 집안에 예수 믿는 바보들이 그득하게 만들었으니 이것 또한 설명하기 난감한 일입니다. 그런데 사실 저는 바보 측에도 끼지 못하는 바보였습니다. 진짜 오리지널 바보가 있었기 때문입니다. 바로 그 사람이 예수님이십니다.

태생부터 사람들의 손가락질 속에서 태어나, 어려운 시절 정죄하고 고발이 난무한 때에 '사랑'이란 이름으로 모든 사람을 끌어안은 사람. 자신도 그것이 부질없는 짓이라는 것을 알면서도 그 길을 걸어가며, 제자들까지 배반할 줄 알면서도 그들을 끝까지 사랑한 사람. 들어보지도 못한 '정치범'과 '신성모독죄'로 고소되어, 세상에서 가장 비참한 십자가에 처형당한 사람. 그렇게 비참하게 죽어가면서도 저들을 용서해 달라고 기도하고, 도망가는 제자들에게 자신이 다시 살아날 것이라는 소망까지 준 사람. 그는 정말 인류 최고의 바보였던 것입니다.

그런데 그 바보 분으로 모든 게 바뀌었습니다. 통째로 말입니다. 이 말도 안 되는 바보 분으로 인해 그 엄청난 로마가 무너졌고, 세상은 이 말도 안 되는 바보 분의 사랑으로 인해 말도 안 되게 바뀌었습니다. 그리고 셀 수도 없는 사람들이 그와 똑같은 바보가 되었으니, 살다 살다 이런 일은 정말 역사의 어디에도 없습니다. 오늘은 바로 이 인류 최대의 바보이신 분이 부활하신 것을 기념하는 부활절입니다. 가만히 생각하면 세상 사람들은 이런 우리를 바보라고 할지 모릅니다. 그런데 아무리 생각해도 그리스도인은 정말 바보가 맞는 것 같습니다.

그래서 내친김에 이렇게 좋은 날, 다시 다짐하게 됩니다. "그래, 다시 바보가 되어야지." 사실 언제부턴가 제게 조금씩 문제가 생겼습니다. 제가 자꾸 똑똑해지려는 것입니다. 정신 바짝 챙기려고 합니다. 또 저는 우리교회가 바보교회였으면 좋겠습니다. 그래서 어떻게 바보짓을 할까 기도하고 있습니다. 우리교회 부모들과 아이들이 똑똑해지지 않았으면 좋겠습니다. 문 밖에만 나가면 똑똑한 부모와 아이들이 넘쳐나는데 우리라도 바보가 됐으면 합니다. "너, 바보니?" 오늘따라 이 소리가 많이 그립습니다. (2019. 4.21)

나의 묵상

▌나는 언제 바보라는 소리를 들어보았습니까?

오직 정의를 물 같이, 공의를 마르지 않는 강 같이 흐르게 할지어다 _암 5:24

나만 잘 하면
자녀들은 살아납니다

　오늘은 [어린이 주일]입니다. 물론 이 어린이 주일은 성경에 기록된 것이 아닙니다. 그러나 근세에 들어오면서 어린이들에 대한 관심이 높아지면서 지켜진 주일입니다. 어린이 주일이 최초로 제정된 것은 미국 연합감리교회의 레오날드(G.H Leonald) 목사에 의해서였습니다. 그는 1856년, 어린이들을 그리스도인으로서 훈련시키고 어른들에게 어린이에 대한 인식을 새롭게 한다는 취지에서 6월 둘째 주를 자신이 섬기는 교회의 어린이 주일로 정하였습니다. 이것을 1868년, 미 연합감리교회의 교단 차원에서 [어린이 주일]로 승인하게 되었던 것입니다.

　이러한 결정은 다른 교파에도 영향을 미치게 되어 1883년 미국의 침례교단을 비롯한 대부분의 다른 교파들도 '어린이 주일'안을 결의안으로 통과시키게 됩니다. 그러나 이 무렵의 우리나라에서는 아직도 어린이에 대한 인식이 성숙하지 못했음은 물론, '어린이'라는 호칭조차 없던 상태였습니다. 이러한 때, 방정환, 마해송 등의 어린이교육의 필요성을 절감했던 크리스챤 선각자들이 1922년 일본에서 색동회를 조직, 1923년 5월 1일을 어린이날로 정해, 어린이 인격보호와 바른 성장에 대한 관심과 각성을 촉구하는 등 활발한 운동이 전개되었던 것입니다.

자, 이것이 [어린이 주일], 즉 우리 자녀들에게 소중함을 인식하고 각성하는 신앙적, 나라적 기원이라면, 이제는 우리 차례입니다. 우리에게 어린이, 자녀는 어떤 의미를 가지고 있을까요? 아니 그들과의 관계는 어떠한가를 물어봐야 합니다. 무엇보다 이 '어린이'에 대한 처음 관심과 사랑이 '교회'에서부터 시작되었다는 것입니다. 이 운동이 시작된 1850년대만 해도 미국도 별 다를 것이 없었습니다. 아이에 대한 인격을 요구할 수 없었던 무법(無法)의 시대였습니다. 이는 자녀를 자녀답게 볼 수 있는 출발이 오직 '믿음'의 관계에서만이 가능함을 시사합니다.

바로 우리의 자녀를 하나님께서 나에게 허락하신 하나의 영적, 인격적 존재로 보는 것입니다. 하나님과의 인격적인 관계를 통해 자신에게 주어진 어린 자녀가 어떠한지를 비로소 깨달은 부모는 자녀를 소유물이나 디딤돌이 아닌, 그 자체로 가장 소중하고 아름다운 영혼으로 대할 수 있음입니다. 사실 자녀와의 관계가 꼬이거나 아픔이 있는 혹은 자기의 맘대로 안된다고 힘들어하는 가장 큰 이유는 이 관계가 세워지지 않았기 때문입니다. 아이들은 우리의 거울입니다. 부모된 나의 모습이 아이들을 통해 드러나는 것입니다. 가정도 교회도 마찬가지입니다.

사실 오늘 [어린이 주일]을 맞으면서 마음이 편치만은 않았습니다. 그것은 우리 유치부와 아동부는 그들의 부모인 청장년부와, 청장년부는 그들의 부모인 장년부와 다 연결되어 있기 때문입니다. 우리가 저들에게 뭐라고 할 처지나 위치가 아닌 것 같아서 더 그렇습니다. 방법은 하나입니다. "나만, 나부터 잘 하면 됩니다." 부활의 증인의 삶은 '가정에서의 나'로부터 시작되어야 할 것입니다. 하나씩 풀어가다 보면, 분명 우리교회에도 좋은 날이 올 것입니다. 어머니가 늘 하시는 말씀이 생각납니다. "장목사, 다른 사람 얘기할 거 없다. 너만 잘 하면 된다." (2019. 5.5)

나의 묵상

▌내가 자녀를 위해 먼저 해야 할 일은 무엇일까요?

이르되 주 예수를 믿으라 그리하면 너와 네 집이 구원을 받으리라 하고 _ 행 16:31

잘 살았다 잘 견뎠다
사박사박

　요즘 TV만 틀면 수많은 노래들과 가수들이 나옵니다. 다들 나름 뛰어나고 저 자리까지 올라간 것 하나만으로도 대단한 사람들입니다. 그런데 저는 따로 좋아하는 가수가 있습니다. 지난 수 십 년 동안 한 번도 바뀐 일이 없습니다. 사람들은 이분을 가수라고 하지 않고 소리꾼이라고 부릅니다. 바로 올해 일흔 한 살의 장사익 씨입니다. 그 중의 한 곡인 '어머니, 꽃구경 가요'를 여러분에게 소개해 드리고 싶습니다.

"어머니, 꽃구경 가요
제 등에 업히어 꽃구경 가요
세상이 온통 꽃 핀 봄날
어머니 좋아라고
아들 등에 업혔네
마을을 지나고 들을 지나고
산자락에 휘감겨 숲길이 짙어지자
아이구머니나 어머니는 그만 말을 잃었네

봄구경 꽃구경 눈감아 버리더니
한 움큼 한 움큼 솔잎을 따서
가는 길바닥에 뿌리고 가네
어머니, 지금 뭐하시나요
꽃구경은 안하시고 뭐하시나요
솔잎은 뿌려서 뭐하시나요
아들아, 아들아, 내 아들아
너 혼자 돌아갈 길 걱정이구나
산길 잃어 헤맬까 걱정이구나"

사실 이 가사는 김형영 시인의 '따뜻한 봄날'로, 옛날 '고려장'(高麗葬)을
배경으로 한 시입니다. 세상이 온통 꽃으로 뒤덮인 봄날, 아들은 꽃구경
을 시켜 드리겠다고 어머니를 등에 업고 길을 나섭니다. 좋아라 하시던 어
머니는 깊은 산골로 접어들어 가자, 그제서야 당신이 어디로 가는 길인지
알아차립니다. 그리고는 솔잎을 한 움큼씩 따서 그 길 위에 뿌립니다. 깊은
산골서 아들이 길을 잃을까봐, 돌아갈 길을 걱정하면서... 운전을 하면서
노래를 듣다가, 그만 차를 갓길에 세우고 한참 동안 오열했던 기억이 새롭
습니다.

올 2월에 [시인 할매]라는 다큐 영화가 만들어져서 잔잔한 반향을 일으
키며, 많은 사람들의 마음을 뭉클하게 만들었던 적이 있습니다. 전라남도
곡성에 사시는, 평균 나이 80이신 할머니들이 쓰신 시들을 모은 [시집살
이 詩집살이] 시집을 영화로 만든 것입니다. 처음엔 대부분 한글도 깨우치

시지 못하신 분들이셨지만, 시간이 흐르면서 당신들은 자신들의 삶을 하나씩 하나씩 써내려가기 시작했던 것입니다. 그 중 하나인 윤금순 할머니의 '눈'입니다.

사박사박
장독에도 지붕에도
대나무에도 걸어가는 내 머리 위에도
잘 살았다 잘 견뎠다 사박사박

오늘, [어버이 주일] 아침에 부모님 되신 여러분 모두의 마음에 예쁜 장미꽃을 달아드리고 싶습니다. 정말 수고 많으셨습니다. 주님의 사랑으로 여러분 한분 한분을 격려하고 여러분의 눈물을 주님께 올려드립니다. 그리고 먼저 천국에 가 계신 우리 부모님들께도 소담스런 하얀 카네이션을 달아드리고 싶습니다. "아버지, 어머니... 사랑합니다. 그리고 고맙습니다." (2019. 5.12)

나의 묵상

▌부모님을 떠올려 보시고 감사와 사랑의 고백을 해보십시오.

수고하고 무거운 짐 진 자들아 다 내게로 오라 내가 너희를 쉬게 하리라 _마 11:28

요즘, 거울 자주 보세요?'

[가나안 농군학교]의 교장인 김평일 장로님이 만든 '효 십계명' 중 제 3계명이 "부모 앞에서 표정을 밝게 가지라"였습니다. 이것은 부모님의 걱정을 덜어드리는 면도 있지만, 가만 보면 결국 그것이 자녀 된 본인에게 축복된 일이기 때문입니다. 생각해 보십시오. 표정이 밝은 사람을 보면, 그의 인생관 역시 밝은 것을 보게 됩니다. 표정이 밝은 사람하고 같이 있으면 기분이 좋아지고 이내 같이 밝아집니다. 사도 바울은 고린도교회에 보내는 편지에서 이 같은 사람을 '그리스도의 냄새, 향기, 편지'라고까지 했던 것입니다.

물론 교회를 다닌다고 획일적으로 다 표정이 밝아야 하는 것은 아닐 것이며, 얼굴 표정 밝기로 그 사람의 신앙을 판단한다는 것도 옳지 않을 것입니다. 그러나 고린도교회에는 나름 기도도 많이 하고 열정적인 헌신까지 있었음에도 불구하고 여러 불편한 문제로 인해, 교인들은 갈라져 있었고 그로인해 얼굴에는 기쁨이 없었던 것입니다. 그래서 바울은 "이 사람에게는 사망으로부터 사망에 이르는 모습이 보이고, 저 사람에게는 생명으로부터 생명에 이르는 모습이 있으니, 과연 여러분은 어떠합니까?"(고후 2:16) 라고 물었던 것입니다.

손인식 목사님이라고, 몇 년 전 미국 LA의 대표적인 한인교회 중 하나인 베델교회에서 은퇴하신 분입니다. 목회자들에게 가장 존경받는 목사님이실 정도로 인격은 물론 목회도 잘 하셨습니다. 근데 이분이 시카고에 계실 때에 너무 목회가 힘이 들어 어느 날 거울을 보는데, 자기 같아도 그런 표정의 목사가 있는 교회는 안 가겠다는 생각이 들었다고 합니다. 그래서 그때부터 미친 척 하고 거울을 볼 때 마다 웃는 표정을 연습했다고 합니다. 처음에는 뭐하나 싶은 마음이 들었지만, 놀랍게도 목사님의 얼굴은 조금씩 변하고 있었습니다.

목사님의 이야기를 들으면서, 설마 그 정도셨을까 하는 생각이 들었는데, 어느 날 사석에서 이전 사진을 보여주는데 깜짝 놀랐던 적이 있습니다. 지금의 얼굴 표정과는 전혀 다른, 정말 다른 사람이 있었습니다. 감사하게도 얼굴 표정의 변화와 함께 목사님의 목회와 인생에도 꽃을 피웠던 것은 물론입니다. 얼굴 표정이 전부는 아닐지라도, 우리는 최소한 내 얼굴이 어떤 모습인지는 살펴보아야 합니다. 내 표정이 누군가와 불편한 관계를 드러내는 얼굴은 아닌지, 평안과 기쁨은 있는지, 예수님을 전하는데 불편한 표정은 아닌지 말입니다.

일본의 코미디언 중에 아카시야 산마(明石家さんま)라는 분이 있습니다. 그는 청장년 시기까지 늘 찌푸린 채 매사에 불평불만의 얼굴로 살았다고

합니다. 그는 그런 자신의 얼굴이 비춰지는 거울이 싫어 집의 모든 거울을 없애고 밖에 나오지 않을 정도였는데, 어느 날 이를 안타깝게 여겼던 고등학교 때 담임선생님이 하신 얘기가 그의 인생을 바꾸어 놓았습니다. "산마군, 많이 힘든 것을 알고 있지만, 거울은 먼저 웃지 않는다네! 자네가 먼저 웃어야 비로소 거울도 웃게 되지"... 여러분, 요즘 거울 자주 보시나요? 다른 거 말고 그저 매일 환하게 웃어보세요. 그리고 주변 사람들에게 여러분의 그 환한 얼굴을 보여주세요. 놀라운 일이 생길 것입니다. 근데 요즘 좋은 일 있으세요? (2019. 5.19).

<table>
<tr><td>나의 묵상</td></tr>
</table>

■ 요즘 나의 표정은 어떠합니까?

너희는 나그네를 사랑하라 전에 너희도 애굽 땅에서 나그네 되었음이니라 _신 10:19

요즘 감동이 있으세요?'

어느 집에 초청받아 음식을 대할 때 보통 "아이구, 많이 차리셨네요." 혹은 "잘 먹었습니다!" 어떤 분들은 "왜 이렇게 집에서 준비하셨어요? 음식점에서 먹어도 되는데"라고 합니다. 그런데 이렇게 말하는 분도 계십니다. "세상에, 어떻게 하면 이런 맛을 낼 수 있어요? 정말 제가 먹어본 음식 가운데 최고네요…" 조금 과장스러울지 모르지만, 음식과 그 정성에 대한 '감동'은 주인에게 가장 큰 보람과 보상이 됩니다. 선물을 받았을 때에도, 선물의 작고 큼을 떠나 선물을 받은 사람의 '감동'은 선물을 준비한 사람에게 가장 큰 기쁨이 됩니다.

우리는 이 같은 경우를 신앙생활에서도 적용할 수 있습니다. 하나님은 우리가 당신이 만드신 이 세상의 오묘함과 여러 사건과 관계 속에서 '감동' 받으며 살기 원하십니다. 이것을 가장 잘 한 사람이 있는데 바로 다윗입니다. 시편을 보십시오. 구구절절 그는 하나님이 하신 일과 주변 사건에 대해 '감동'합니다. 좀 심하다 할 정도이지만, 하나님은 한 번도 싫어하지 않으십니다. 사실 다윗의 삶은 '감동'을 할 수 있는 여건이 아니었지만, 그런데도 그는 의도적으로 '감동'을 잃지 않으려고 했던 것이고, 이런 다윗을 하나님은 기뻐하셨던 것입니다.

지미 카터 전(前) 미국 대통령이 쓴 [나이 드는 것의 미학]에서 그는 사람의 늙는 것을 가늠할 수 있는 것 가운데 하나를 '감동이 사라지는 것'이라고 또 '감동이 올 때에 그 감동에 따르는 것은 가장 옳은 선택'이라고 했습니다. 노구의 한 유명한 사진작가에게 묻기를, "당신은 지난 60여 년 동안 사진작가로 활약을 했는데 그 많은 작품 중에서 제일 마음에 드는 좋은 작품이 어느 것입니까?" 그때 사진작가는 서슴지 않고 대답했다고 합니다. "가장 좋은 작품은 제가 내일 아침에 찍을 사진입니다." 그는 '감동' 가운데 사는 법을 알았던 것입니다.

오늘은 마침 웨슬리 회심 281주년 기념주일입니다. 우리가 여전히 요한 웨슬리 목사님을 기억하는 것은 그분이 감리교의 아버지이기 때문만은 아닙니다. 바로 그분의 '감동'있는 삶 때문입니다. 당시 영국의 국교인 성공회의 목사로 시무하던 그가 올더스케이트에서 마음이 뜨거워지는 성령 체험을 한 후, 그의 인생은 달라지지 시작합니다. 그래서 이를 기념하는 것이 오늘의 회심 기념주일과 이번 주 중의 부흥성회인 것입니다. 마침 삼일 동안 우리교회에서 있는 [잠실지방 웨슬리회심 기념 부흥성회]를 통해서도 '감동' 많이 받으시기 바랍니다.

지난 주일이 [교사주일]이어서, 교회학교 몇 선생님들에게 아이들을 가르치면서 필요한 것이 무엇이냐고 물었더니, 첫 번째는 간절히 기도해 주시는 것이고 두 번째는 계속 관심을 가져주는 것이라고 하여 '감동' 받았습니다. 그래서 그거 말고 실제적으로 무엇이 필요한지를 물었더니, 몇 가지가 당장 필요하다는 것을 알았습니다. 예산에 잡혀있지 않으니 예비비로라도 도와드릴 수 있겠지만, 제 마음에 이것을 여러분들에게 알려 드리고 '감동'이 있으신 대로 자원해 주시면 어떨까 하는 생각이 들었습니다. 주보 삽지에 우리 아이들을 위해 필요한 것들을 올렸습니다. 여러분들의 '감동'이, 선생님들과 아이들에게 큰 힘이 될 것입니다. (2019. 5.26)

나의 묵상

▌ 나는 언제, 무엇 때문에 감동을 받습니까?

그리스도는 모든 믿는 자에게 의를 이루기 위하여 율법의 마침이 되시니라 _ 롬 10:4

아직 혀가 거듭나지
않은 분들에게

　오늘은 교회력으로 [부활 후 주일]의 마지막 주일이고 다음 주일부터는 [성령강림절기]가 시작됩니다. 부활의 증인으로 우리가 삶에서 변화되어야 할 마지막 영역은 바로 '말'입니다. 이 부분은 사실 너무도 중요하기에 좀 더 구체적인 결단이 필요한 부분이기도 합니다. 요사이, 아니 늘 우리를 불편하게 만들고 어이없게 만드는 것 중의 하나는 정치인들의 행보와 무엇보다 '말'이라 할 수 있을 것입니다. 결국 당리당략을 벗어나지 못하고 항상 자기 입장에서 얘기하는 '막말'은 현재 우리나라 정치의 수준이 어디에 와 있는지를 보여줍니다.

　선진국가로 가는 과정이려니 몇 번이나 이해를 해 보지만, 이들이 벌이는 설전(舌戰)의 부끄러움과 상처는 늘 당사자들이 아닌 국민들 몫으로 돌아옵니다. 그래서 새삼 마음에 다짐을 하게 되는 것은 "내 몸(주님의 교회)을 강도의 굴혈로(마귀의 회)로 만들지 말라"는 주님의 간절한 외침 때문입니다. 사실 정치판 못지않게 말이 많은 곳이 바로 교회입니다. 실제로 어떤 문제가 생기면 문제 자체보다도 거기에 따른 말들로 인해, 교회는 금

새 진흙탕이 됩니다. 물론 다 나름 자신이 옳다고 생각하겠지만, 근거 없는 말들은 교회를 쉬 지치게 합니다.

그래서 성경은 그 사람의 영적 수준이 바로 그 사람의 '말'이라는 것을 계속 말씀하고 있습니다. "당신이 주님의 자녀요 지체라고 하면서, 어찌 한 입으로 하나님을 찬양하고 돌아서면 다른 사람의 흉을 보고 있습니까? 어떻게 한 혀에서 단 물과 쓴 물이 나옵니까?"(약3:10-11) 그러나 교회를 가만히 보면, 의외로 두 혀를 가진 직분자들, 아니 중직자들도 적지 않습니다. 필히 먼저 스스로를 돌아봐야 하지만, 이제 우리교회와 여러분의 영적 수준이라면 이런 사람들의 말에 걸려서도 동조해서도 안 됩니다. 이내 이런 분위기에서 나와야 합니다.

지난 목회 동안 깨달은 것 중의 하나는 '교회 안의 옳고 그름은 결코 가려지지 않는다'라는 것입니다. 그만큼 생각하는 차이가 다르고, 아무리 옳음이 드러나도 결코 순복하지 않기 때문입니다. 그러나 이렇게 다시 말씀드리는 것은 "사람이 변하면 말이 변하고 또 말이 변하면 사람이 변한다"는 진리를 우리교회에서 만큼은 놓치고 싶지 않기 때문입니다. 무엇보다 너무도 많은 교회들이 이 '말'로 인한 마귀의 전략에 넘어가, 자신이 섬기는 교회가 망신창이가 되고 성도들끼리 베임을 당하는 이 때에, 우리교회만은 보호하고 싶기 때문입니다.

아니 이 '말'이라는 것은 단지 내 의견이나 생각을 얘기하는 것이 아닌 '영적으로 가장 중요한 영역'이기 때문입니다. 우리가 이것을 깊이 인식하고 스스로를 돌아보지 않은 채, 계속적으로 자기 입장에서 아무 말이나 다 뱉는 동안, 교회는 '강도의 굴혈'(사단의 회)가 되는 것입니다. 결국 교회는 기도와 예배의 능력을 잃고, 서로 그 '말'의 진원지를 찾아 소심한 복수를 반복하는 소인배의 삶을 사는 것입니다. 사실 이런 마귀의 작전에 넘어간 교회들이 적지 않기에, 이제 우리교회는 어떠한가를 돌아보아야 합니다. 그리고 우리교회는 달라야 합니다. 부디 아직 '혀'가 거듭나지 않은 분들에게 주님의 은총이 있기를 기도드립니다. (2019. 6.2)

▌말로 위로를 받은 적과 말로 상처를 받은 적이 있습니까?

내가 주께 대하여 귀로 듣기만 하였사오나 이제는 눈으로 주를 뵈옵나이다 _욥 42:5

근데 여러분 이러시면
됩니까?

　지난주일 3부 예배를 마치고, 이번 3월부터 5월말까지 우리교회에 등록
하신 교우님들과의 만남의 시간이 있었습니다. 주님께서 어떻게 한 분 한
분들을 우리교회에 보내주셨는지, 요즘 어떻게 은혜 받고 계신지, 또 우리
교회에 이런 면들은 개선되었으면 좋을지의 솔직담백한 얘기들을 나누는
참 감사한 시간이었습니다. 그리고 앞으로는 좀 더 자주, 또 이왕이면 교역
자들과 리더십들 또 전도하신 분과 해당 속장님들, 해당 선교회장님까지
함께 모여 이런 시간을 가지면 좋겠다는 생각을 했습니다. 그래서 새가족
분들이 우리교회에 잘 적응하여 새로운 '새'가족에서 이제 헌신된 '헌'가
족으로 잘 자리를 잡으셨으면 하는 마음 간절합니다. 새가족분들을 전도
해 주시고, 정착하게 도와주시고, 또 속회와 선교회에서 한 가족으로 맞
아주시는 여러분들의 사랑과 헌신에 감사를 드립니다.

　또 한 가지 감사드릴 것은, 지난주일 예배를 다 마치신 후, 재무부장 장
로님께서 "목사님, 정말 감사한 일이 일어났습니다." 하시는 겁니다. 말씀
인 즉, 교육부 기자재에 대한 교우님들의 후원헌금이 기대했던 것 이상으

로 너무 커서 감격이 되셨던 것입니다. 보고를 받는데, 정말 차고 넘치게 역사하시는 주님의 은혜처럼, 우리 다음세대들을 향해 보여주신 여러분들의 사랑은 '감사' 그 자체였습니다. 더욱 감사한 것은 유아들의 의자 하나부터 크게는 컴퓨터까지, 또 청장년들로부터 어르신들까지 다같이 참여해 주신 것입니다. 다시 한 번 감사드리며, 이렇게 드려진 귀한 마음들은 교육부와 잘 상의하여 우선 필요한 기자재 및 보수공사 그리고 이후 필요한 교육부 재정으로 온전히 쓰이도록 하겠습니다.

이런 가운데 우리교회에 무엇이 필요할지를 놓고 기도하다가 [교역자실의 목회자들 컴퓨터]가 바꿀 타이밍 이라는 것을 알고 이를 위해 헌신해 주신 분, 우리교회 어르신들과 환우들을 위해 [의료형 원적외선 온열기]를 증여해 주신 분도 계셔서 참 감동이었습니다. 또 지난 금요일 연합속회를 드린 후 권사회 모임에서 권사님들께 예쁜 꽃 화분을 드리는 것을 보면서도 참 따뜻한 감동의 마음이 들었습니다. 그것이 작건 크건 상관없이 모든 감동에는 사랑과 감사가 있기 때문이며, 무릇 이렇게 감동 된 분들의 기도와 헌신을 통해 주님의 교회가 세워져 가기 때문입니다. 그래서 한 말씀 드리고 싶습니다.... "근데 여러분, 이러시면 됩니까?

그런데 아닙니다. '여러분, 이러셔도 됩니다. 아니, 우리 계속 이렇게 하십시다!!!' 이것이 교회의 모습이기 때문입니다. 오늘부터 전 세계 교회는 [성령강림절기]를 맞이합니다. [성령강림절기]는 말 그대로 성령의 강림이 있었던 오순절의 시간과 경험을 기억하며, 이를 다시 회복하는 절기입니다. 그것은 바로 교회가 이 성령의 감동에서 시작되었기 때문입니다. 그리고 그렇게 성령을 받은 제자들의 행보를 기록한 것이 바로 [사도행전]입니다. 이런 면에서 오늘부터 주일예배에서 선포 될 '사도행전 말씀'은 우리교회에 새로운 이정표를 세우는 시간이 되리라 믿습니다. 기도하기는 사도행전의 말씀을 통해 후반기에는 '사도행전적 속회와 선교'의 초석이 잘 준비되어지기를 기대합니다. 주일 강단과 부족한 사람을 위해 기도 부탁드립니다. (2019. 6.9)

나의 묵상

▌나는 주님의 교회를 위해 어떤 일에 쓰임 받고 있습니까?

그는 보이지 아니하는 하나님의 형상이시요 모든 피조물보다 먼저 나신 이시니 _골 1:15

나의 인생을 바꾼
한 가지 질문

'20세기 경영학의 아버지'라 불리는 분이 있습니다. 14년 전, 96세로 작고하신 피터 드러커(Peter Drucker)입니다. 그의 이름에 어떤 형용사를 붙이는 것이 어색할 정도의 탁월한 삶을 살았던 그의 묘비에는 '지구를 경영한 사람'이라고 쓰일 정도였습니다. 그런 그가 인생의 마지막 때에 쓴 책이 있는데, 바로 'The Daily Drucker'(직역하면, '하루하루를 사는 사람, 드러커')입니다. 부제도 '366 Days of Insight and Motivation for Getting the Right Things Done'(직역하면, 옳은 일을 선택하는 통찰과 명분의 366일)이었습니다.

이 책의 한 챕터(chapter) 제목이 '나의 인생을 바꾼 한 질문'인데, 그 질문은 그의 나이 13살 때 학교 선생님으로부터 들은 "너희들은 죽은 뒤에 어떤 사람으로 기억되길 원하니?"였습니다. 어린 시절이었지만, 그는 이 질문을 심각하게 받아들였고, 평생의 시간동안 가장 중요한 질문으로 여기며 살아갔던 것입니다. 어찌 보면 그저 하루하루 살아가기에 바쁜 것이 인생일 수 있는데, 그는 그 하루하루를 마치 자신에게 주어진 마지막처럼 여기고 살았던 것입니다. 그리고 그는 이 같은 삶을 가르쳐 '매듭짓는 삶'이라고 명명했습니다.

아시는 대로, 몇 주 전 유럽 헝가리에서 33분의 동포들이 탔던 크루즈가 전복되어 그 자리에서 17분이 유명을 달리하고, 아직도 남은 시신을 찾고 있는 뉴스가 보도되고 있습니다. 무엇보다 손녀와 어머니, 외할머니가 함께 죽음을 맞이하였다는 소식은 더 안타까움을 주고 있습니다. 인생이 참 아이러니한 것이, 평상시에는 나와 죽음이 아무 관계가 없는 것 같이, 심지어 천년만년 살 것처럼 살다가도, 이런 사건을 접해야 비로소 인생이 뭔가 하는 생각을 하게 됩니다. 그리고 이내 시간이 지나면 아무 일도 없는 것처럼 또 다시 산다는 것입니다.

몇 년 전, 비행기를 타고 가다가 문득, 만약에 비행기 사고로 인해 죽음을 맞이한다면 어떻게 하지? 라는 생각에 잡힌 적이 있었습니다. 급한 마음에 A4 용지를 꺼내 생각지 못했던 유서(?)라는 것을 작성하기 시작했습니다. 처음엔 무엇을 써야 할까 난감했는데, 한 문장 한 문장을 써 내려가면서 저에게 뜻밖의 매듭지어야 할 것들이 많다는 것을 알게 되었습니다. 다행히 비행기는 아무 사고 없이 착륙하였고, 집에 돌아 온 뒤 그 못다 한 매듭들에 대해서 모처럼 깊이 숙고할 수 있었습니다. 그리고 죽음에 대해 새삼 묵상할 수 있었습니다.

이렇듯 죽음이 모든 인생에게 피할 수 없는 것이라면, 꼭 생각해 보아야 할 매듭짓는 삶에 대한 질문은 바로 "나는 죽은 뒤 사람들에게 어떤 사람으로 기억될 것인가?"입니다. 그래서 더 늦기 전에 사랑한다고, 더 늦기 전에 용서한다고, 더 늦기 전에 먼저 다가가 손을 내밀고, 더 늦기 전에 감동의 마음에 따라 살아보는 것입니다. 정말 더 늦기 전에, 남은 시간 동안 잘 살아야겠구나 정신이 번쩍 들기까지 합니다. 그래서인지 요즘 이런 질문을 해 봅니다. "훗날, 나는 어떤 목사로 기억될까?" "훗날, 아이는 나를 어떤 아버지로 기억할까?"

사랑하는 여러분께도 여쭙고 싶습니다. "훗날, 우리교회는 어떤 교회로 기억될까요?" 그리고 "훗날. 여러분은 어떤 사람으로 기억 될까요?" (2019. 6.16)

나의 묵상

▌ 나는 어떤 사람으로 기억되기 원합니까?

여호와는 선하시며 환난 날에 산성이시라 그는 자기에게 피하는 자들을 아시느니라 _ 나 1:7

71

그렇게 살리고
품다보면

하와이의 카우아이 섬에서 역사적인 연구가 펼쳐졌습니다. 가정이나 사회, 경제적 환경이 인간의 발달에 어떤 영향을 미치는가를 조사하기 위해 카우아이에서 태어난 모든 신생아, 201명을 대상으로 30세가 넘을 때까지 그 성장과정을 조사하게 된 것입니다. 그런데 카우아이 주민 대다수는 극심한 가난을 겪고 있었고 많은 사람들이 정신질환을 앓고 약물중독과 범죄 속에서 살았습니다. 예상했던 대로 아이들의 성장과정은 순탄치 못했습니다. 많은 아이들이 부모와 똑같은 모습으로 성장했습니다.

그런데 자료 분석을 담당했던 심리학자 에미 워너 교수는 201명의 아이들을 관찰하면서 놀라운 사실 하나를 발견하게 되었습니다. 이들 중에 3분의 1인 72명의 아이들은 예상과는 달리 아무런 문제도 일으키지 않고 건강한 성인으로 자라났다는 것입니다. 심지어 어떤 아이들은 그 부모가 더 가난하고 질병도 많았고 가정불화도 훨씬 더 심각했지만, 좋은 환경에서 자라난 아이보다도 더 모범적으로 성장한 경우도 있었습니다. 이 결과가 워너 교수에게는 풀리지 않는 큰 의문이 되었던 것입니다.

도대체 어떻게 그 아이들은 이러한 환경에서도 이렇게 다르게 성장할 수 있었을까? 이 질문을 품고 워너교수가 이 아이들을 집중적으로 조사한 결과 이 아이들에게만 발견된 공통된 특징 한 가지가 있는 것을 발견합니다. 그것은 72명의 아이들에게 있어 단 한 명의 예외도 없이 나타난 공통적인 특징은, 바로 자신을 이해하고 받아주며 기댈 언덕이 되어 주었던 사람이 한 명 이상이 있었다는 사실입니다. 즉, 나를 이해해 주는 그 사람을 통해, 아이들은 아픔과 고통을 이겨나갈 수 있었던 것입니다.

자, 이제 우리 스스로에게 질문할 차례입니다. 오늘 나에게는 그런 사람이 있습니까? 마음으로부터 나를 이해해 주는 사람, 힘들고 어려울 때 내 손을 잡으며 위로해 줄 사람, 내 이름을 부르며 기도하는 그 사람이 나에겐 있습니까? 또 여러분은 누군가를 마음으로부터 이해해주고 위로해 주고 기도해 주는 사람이십니까? 여러분의 마음에는 어떤 영혼, 어떤 이름이 있습니까?... 우리 주변에는 정답을 얘기하는 사람들이 많습니다. 문제를 발견하고 그것에 대해 늘 얘기하고 지적하는 사람도 많습니다.

요즘 교회 곳곳에 '우리가 웃을 수 있는 이유'라는 제목의 웃는 얼굴 포스터가 있습니다. 볼 때 마다 제 얼굴을 한번 다시 보게 되고, 제 마음도 다시 추스르게 됩니다. 이것이 바로 우리교회에게 주신 '살리는 영성, 품는 마음'입니다. 그래서 다시 묻게 됩니다. 우리에게 정말 필요한 사람은 내 옆에 있는 사람을 이해해 주고 기댈 수 있는 사람입니다. 사실 주님은 우리교회에 이미 이 사람들을 주셨습니다. 이런 분이 많은 교회가 행복한 교회입니다. 그렇게 살리고 품다보면 분명 좋은 날이 올 것입니다.

"한 지체가 고통을 당하면, 모든 지체가 같이 고통을 당합니다. 한 지체가 영광을 받으면, 모든 지체가 함께 기뻐합니다. 여러분은 그리스도의 한 몸이기 때문입니다."(고전12:13-14) (2019. 6.23)

나의 묵상

▌나에게는 내가 무조건적으로 이해해 주고 용서해 주고 사랑해 주는 사람이 있습니까?

나는 인애를 원하고 제사를 원하지 아니하며 번제보다 하나님을 아는 것을 원하노라 _호 6:6

건강한 사람에겐
비밀이 있습니다

[사회신경과학]이란 영역을 개척한 심리학자인 존 카치오포 교수는 평생을 '외로움'에 대해서 연구한 학자입니다. 그는 고립과 고독이 우리의 심리뿐 아니라 신체에도 치명적 영향을 미친다는 걸 실험으로 입증했는데, 즉 면역체계를 망가뜨리고 스트레스를 증폭시키고 심혈관 기능을 저해하며 내장기관까지 파괴한다는 것입니다. 이는 담배를 하루 15개피 씩 계속 피울 만큼 몸을 손상시키며, 평균 수명을 15년이나 단축시킨다는 것을 임상 발표했습니다.

실제로 지난해 영국은 '외로움부 장관'(Minister for Loneliness)을 임명하였는데, 이 같은 '사회적 전염병'에 걸린 인구가 900만 명이나 된다는 충격적인 발표를 했습니다. 그러나 사실 이 같은 영국사회의 붕괴는 그저 우연한 현상이 아닌, 그 동안 영국국민들을 이끌었던 영국교회 공동체의 붕괴와 밀접한 관계가 있음입니다. 이미 오래 전이지만 예고된 모습이었던 것입니다. 그래서 그는 이 치명적 병으로부터 나오는 방법에 대해 이렇게 언급합니다.

'먼저, 공동체 없이는 스스로 고립과 고독을 이길 수 없음을 인식하라"
입니다. 즉, 공동체의 중요성에 대한 [인식의 단계]입니다. 두 번째는 "공동
체에서 결코 '심리적으로 부정적' 또 '물리적으로 구경꾼'의 자리에 있지
말라"는 것입니다. 이것은 정말 건강에 좋지 않은 치명적인 질병을 유발할
수 있음을 강조합니다. 그렇기에 공동체와 함께 생각하고 함께 행동하는
것인데, 이를 [공감의 단계]라고 명명합니다. 즉, 이것이 '건강한 상태'라는
것입니다.

　그리고 세 번째 권면은 [자발적 단계]로, "가능한대로 공동체를 섬겨보
라"는 것입니다. 이것은 공동체를 섬기는 일원으로 당연하게 보이지만, 사
람들의 눈치나 자리 때문에 하는 내키지 않는 '강요적 섬김'이 아닌 '자발
적 섬김'을 의미합니다. 그래서 나이가 들수록 병원이나 학교, 양로원 등에
서 봉사하는 사람이 좋은 것을 먹고 운동을 하는 사람보다 더 건강한 삶
을 사는 이유임을 설명합니다. 즉, 공동체를 섬기는 것이 건강한 삶의 척도
라는 것입니다.

　그러나 사실 이것은 카치오포 교수가 발견한 새로운 이론이 아닙니다,
이미 2,000년 전의 처음 교회에서 발견되는 모습인 것입니다. 즉, 건강과
행복의 축복이 교회 공동체 안에 있음입니다. 그래서 우리는 교회 공동체
를 통하여 그 축복의 원리를 '인식'하게 되어, 그것을 함께 '공감'하며, 강
요나 억지가 아닌 '자발적인' 섬김을 통해 건강한 삶을 누리게 되는 것입니
다. 기도하기는 저와 여러분들이 이 축복에서 벗어나지 않기를 간절히 소
원합니다.

그렇습니다. 신앙생활은 행복해야 합니다. 이것을 못 경험하면 너무 억울합니다. 그래서 공동체와 함께 가는 사람은 지혜로운 분입니다. 부디 '어설프게 부정적'이거나 '애매하게 구경꾼'이 되지 마시고, 내가 속한 교회 공동체를 위해 기도하고, 참여하고 섬겨 보십시오. 이번 [릴레이 한 끼 금식기도]도 좋은 기회입니다. "뭐, 나 하나쯤이야" 하시지 말고, 함께 동참해 보십시오. 분명 영적으로 깊어지고 육적으로 강건한 삶을 누리시게 될 것입니다. (2019. 7.28)

나의 묵상

▌나는 교회 생활을 통해 어떤 기쁨을 경험하고 있습니까?

그런즉 너희가 먹든지 마시든지 무엇을 하든지 다 하나님의 영광을 위하여 하라 _ 고전 10:31

나는 휴가 중에도
그리스도인입니다.

7월이 지나고 새로운 8월이 시작되었습니다. 이제 지난 주부터 이번 주와 다음 주까지 본격적인 휴가철에 들어가는 듯 싶습니다. 물론 휴가철이라고 꼭 휴가를 내거나 어디를 무조건 가야하는 것은 아닐지라도, 이래저래 쉬 지치게 되는 몸과 마음을 추스릴 필요가 있을 것입니다. 나름 시간을 내어 여러 계획을 하실 터인데, 바라기는 귀한 시간을 내시는 만큼, 의미 있는 쉼이 되시기를 기도드립니다. 그래서 휴가철을 맞이하여 잠시 교회를 떠나가게 되시는 교우님들을 위해 몇 가지 당부의 말씀을 드리고 싶습니다.

먼저, "휴가 즉, '쉼'에 대한 바른 정의가 필요할 것입니다." '쉼'이란 '숨'에서 나온 말입니다. '휴가(休假)'라는 한자의 뜻 역시 '일하기를 잠시 멈추다'로 '숨을 고르다'라는 의미입니다. 그래서 휴가란 꼭 멀리나 어느 특정 지역에 가야하는 것만은 아닙니다. 집이나 가까운 곳에서도 충분히 훌륭한 쉼을 가질 수 있기 때문입니다. '방'에만 '콕' 틀어박혀 '방콕'에 다녀왔다고 할지라도, 실제 '방콕'(Bankok)에 다녀온 것보다도 나름 괜찮은 시간을 보낼 수 있음입니다. 문제는 휴가를 어떻게 보내느냐가 관건일 것입니다.

두 번째는, "휴가는 정서적, 영적 회복의 시간까지 되어야 합니다." 이것이야말로 쉼이 주는 진정한 의미이기 때문입니다. 실제로 나름 큰 맘 먹고 또 적지 않은 경제적인 지출까지 하면서 시간을 보냈는데, 정작 휴가 뒤의 또 다른 휴가가 필요한 경우가 있습니다. 그래서 휴가는 필히 육체적 쉼은 물론 정서적, 영적 쉼이 되어야 합니다. 잘 놀아야 하지만, 과도한 놀이 위주의 휴가는 부작용을 동반합니다. 정서적인 또 영적인 휴식이 되도록 스케줄을 짜서 육은 물론 마음과 영을 살찌우는 시간이 되시면 좋을 것입니다.

세 번째는, "휴가 가운데서도 예배를 잊지 마십시오." 휴가를 어떤 질서나 신앙적 규례에서 벗어나 자유(?)를 만끽하는 것으로 이해해선 안 된다는 것입니다. 그러므로 휴가 중, 부득불 주일이 겹치실 때는 꼭 가까운 교회나 예배처소에 가셔서 주일예배를 드리시기 바랍니다. 이것은 본인만이 아니라, 자녀들을 위해서도 그렇게 하셔야 합니다. 아이들은 본 대로 합니다. 만약 부모님이나 형제, 친지들이 다니시는 교회가 있으면 거기에 가십시오. 또 다른 교회를 방문하는 기회로 삼아 보십시오. 좋은 배움이 될 것입니다.

이렇게 길건 짧건 교회를 떠나시는 일이 생기시면, 이 시간이 그 동안 쌓았던 영적내공을 점검하는 시간이 되시길. 그래서 무엇보다 부디 '나는 휴가 중에도 그리스도인입니다'의 마음을 부디 잊지 마시길. 또한 휴가를 갖고 싶어도 그러하지 못한 교우들 또한 적지 않다는 것을 염두에 두시고, 조용히 감사한 마음으로 다녀오시는 배려의 마음도 부탁드립니다. 혹여 여행이 길어지시는 분들은 꼭 속장님들과 목회자들에게 소식과 기도제목을 알려주시기 바랍니다. 어떤 모습의 쉼을 통해서도 주님과 함께 하시길 기도드립니다. (2019. 8.4)

나의 묵상

▌나는 일도 잘 하지만, 쉬는 것도 잘 하고 있습니까?

여호와를 경외하는 것이 지식의 근본이거늘 미련한 자는 지혜와 훈계를 멸시하느니라 _잠 1:7

루트 파인더(Root Finder)가 필요한 때입니다

요사이 흥행하는 영화중에 '엑시트'(Exit)라는 코믹물이 있습니다. 영화는 대학교 산악 동아리 에이스 출신이지만, 졸업 후 몇 년째 취업 실패로 눈칫밥만 먹는 주인공이 어머니의 칠순 잔치에서 연회장 직원으로 취업한 동아리 후배를 만나는데서 시작됩니다. 어색한 재회도 잠시, 의문의 연기가 빌딩에서 피어오르며 순식간에 도심 전체는 유독가스로 일대혼란에 휩싸이게 됩니다. 이후 두 주인공은 산악 동아리 시절 쌓아 뒀던 모든 체력과 스킬, 기지를 발휘해 '루트 파인딩'(Root Finding)을 합니다(영화에서 '루트 파인딩'이란 등산가가 지형, 지물을 잘 살피고 이용해 정상까지 나아가는 방향을 정하는 것을 의미합니다).

겉으론 재난탈출이지만 관객들은 기존의 영화와는 다른, 묘한 차별성을 느낍니다. 그것은 먼저, 어떤 엘리트나 특수 전문요원이 아닌, 그저 평범한 소시민 캐릭터들이 영화를 이끌어 간다는 점입니다. 즉, 인정받지 못하고 보잘것없어 보이는 재능이 위급 상황에서 발현되는 모습에서 관객들은 마음을 엽니다. 또한 재난 탈출, 즉 '루트 파인딩'(Root Finding) 과정에서 오히려 위험에 처한 다른 사람들에게 손을 내미는 주인공들을 통해, 관객들은 평범한 소시민에게 있는 작은 애국심(?)에 감동합니다. 그리고 현재 자신이 겪고 있는 삶은 물론 나라적 재난의 상황도 이렇게 풀어갈 수는 없을까 하는 기대감을 갖습니다.

영화는 영화일 수 있겠지만, 이 영화에 나온 주인공을 보면서 떠오른 분이 있었습니다. 바로 지난주일 새벽, 꿈에서 뵈었던 양승길 장로님이십니다. 지난 10년 전, 장로님에 대해 썼던 글인데 그분의 모습이 지금도 훤합니다. "제 목회생활에서 오랫동안 기억에 남는 분이 계십니다. 바로 양승길 장로님입니다. 제가 이 분을 존경하는 이유는 그 분이 보여주신 직분자의 균형 감각 때문입니다. 장로님은 모든 문제를 담임목사의 입장에서 배려해 주시고 또 동시에 모든 교인들의 자리에서 생각하셨습니다. 그러한 세심한 배려와 넓은 마음에서 교회와 교우들은 흔들리지 않고 묵묵히 앞을 향해 나갈 수 있었던 것입니다."

재밌는 것은 당시 장로님께 별명이 있었는데, '순풍에 돛단배'였습니다. 어떤 문제라도 장로님께 가면 모든 문제가 그렇게 풀려서 비롯된 것이었습니다. 그러나 당시 교회는 외적으론 성전건축 후의 재정적 문제로 또 내적으론 장로 권사의 직분 천거문제로 결코 쉽지 않은 상황이었습니다. 목사님의 리더십은 흔들렸고, 교인들끼리는 불신의 마음으로 서로 나뉘어져 있었습니다. 그런데 그런 상황에서 장로님은 특유의 위트와 지혜, 넉넉한 마음으로 담임 목사님을 도와 중직자들과 함께 교회의 묶인 문제들을 하나씩 풀어 나가셨습니다. 그분이 임원회에 계시면 얼마나 안심이 되던지,

새삼 기억이 날 정도입니다.

실제로 장로님이 돌아가신 후, 신문이나 지역사회에 알리지 않았음에도 당시 교회 역사상 가장 많은 조문객들이 참석하여 놀라움을 주었고, 또 당신의 유언대로 장례식에 들어온 모든 조의금에 당신의 남은 재산을 합쳐 다음세대를 위해 헌금하심으로 큰 귀감이 되셨습니다. 사실 교회이든 나라이든 이런 분이 계시다는 것은 큰 축복입니다. 꿈에서 다시 뵐 수 있어서 감사했지만, 문득 더 장로님이 보고 싶은 것은, 오늘날 같은 때 일수록 어느 누구보다도 당신 같은 '루트 파인더'(Root Finder/길을 찾는 자)가 필요하기 때문일 것입니다. (2019. 8.11).

나의 묵상

▌나는 누군가에게 걸림돌입니까? 혹은 디딤돌 입니까?

그런즉 믿음, 소망, 사랑, 이 세 가지는 항상 있을 것인데 그 중의 제일은 사랑이라 _고전 13:13

많이 뵙고 싶습니다.

지난주일 밤, 이름을 밝히지 않은 한 교우님으로부터 전화 메시지 하나를 받았습니다. 그분께 양해를 구하여 주신 글을 있는 그대로 나눕니다.

"목사님, 안녕하세요? 목사님께 이 글을 쓰는 데에 얼마나 큰 용기가 필요했는지 모릅니다. 저를 잘 모르실 것 같아 이름을 밝히지 않고 보냅니다. 먼저 매 주일마다 혼신을 다해 주시는 말씀에 늘 큰 은혜를 받고 매일마다 몇 번이나 말씀을 듣고 있습니다. 그런데 오늘 주신 '사람'에 대한 말씀은 사실 저를 너무도 아프게 하였지만 동시에 저를 다시 보게 하였고, 교회에 대한 기도를 다시 올리게 하는 말씀이었습니다.

사실 저는 결혼생활 35년 동안 '이혼'과 '용서할 수 없음'이라는 단어를 하루에도 몇 번이나 생각하며 살아 왔습니다. 남편 없이도 나름 소신 있게 사는 사람들을 못내 부러워하면서도, 막상 이러지도 저러지도 못한 체 '참 나는 지질히 복이 없는 여자다'라는 후회막심으로 지난 시간을 버려왔습니다. 그러다보니 이젠 몸도 마음도 엉망이 되어 안 아픈 곳이 없습니다.

그렇게 외도를 밥 먹듯이 하는 남편과 다 끝내고 싶을 때에 친구 권유를 따라 간 곳이 교회였는데, 저는 남편 복만 없는 게 아니라 교회 복도 지질이 없었습니다. 그렇게 갔던 교회는 이단이었고, 그곳에서 너무 힘든 시간을 보냈습니다. 이후 다시 찾은 동네교회는 하루도 편안한 날이 없었고, 십 년 동안 기억나는 것은 싸움박질 한 것 외에는 다른 생각이 나질 않습니다.

그리고 십 년 전 즈음에 어떻게 우리교회에 오게 되었고, 이런 상처로 인해 우리교회에서는 거의 모습을 드러내지 않고 주일에만 다녔습니다. 당연히 우리교회 속사정은 잘 모르지만, 그냥 보여진 우리교회도 만만치는 않더군요. 그래서 이젠 교회나 교인들에게 지쳐, 뭐 다 그런거지 하여 아무 생각 없이 다니는 것을 반복하였기에, 교회에 대해 어떤 얘기를 들어도 별로 놀라지도 않습니다. 사실 목사님 새로 오신다는 얘기를 들을 때도 별반 기대감도 없었구요.

그런데 지난 몇 개월, 목사님 오셔서 예배를 드리면서 저에게 정말 생각지 못한, 우리 교회에 대한 간절함이 생겼습니다. 남편 복도, 자녀 복도 지지리도 없는데 이제 교회 복 마저 없으면 너무 억울할 것 같아서 입니다. 분명 우리교회에는 저 같은 사람들이 많을 것입니다. 교회 복 마저 없으면 정말 너무 억울한 사람들 말이예요. 그래서 오늘 주신 말씀을 가지고 '주님, 제발 저에게 사람 복을, 아니 교회 복이라도 꼭 주세요.'라고 간절히 기도했습니다. 목사님, 이게 너무 이기적인 기도일까요?.... 늘 건강을 위해 기도하고 있습니다."

저는 지금 시골의 한 기도처에 와 있습니다. 한 주간 내내 이 자매님의 기도가 제게 울림이 되었던 것은 이 기도가 바로 저의 어머니의 기도요 또 저의 기도였기 때문입니다. 오늘 같이 예배드리지 못하지만, 지난 8개월간 참 행복했고 참 감사했구나 많이 돌아보게 되었습니다. 무엇보다 이렇게 한 주간 금식하면서 엎드려보니, 우리교회와 여러분들의 얼굴이 다시 보이고 있습니다. 많이 뵙고 싶습니다. "여러분, 고맙습니다. 그리고 사랑합니다." (2019. 9.1)

나의 묵상

▌ 나에게 교회는 어떤 존재입니까?

사람이 마음으로 자기의 길을 계획할지라도
그의 걸음을 인도하시는 이는 여호와시니라_잠 16:9

당신도 백점,
나도 백점이래요.

　추석 연휴 잘 쉬셨는지요? 지난주일 함께 말씀을 나눈 것처럼, '숨'을 좀 쉬시는 시간이 되셨기를 소망해 봅니다. 그리고 다시 11월 중순의 추수감 사절까지 이어지는 아름다운 가을을, 주님 주시는 '숨'(호흡)으로 살아가시기 바랍니다. 그때 비로소 우리는 하나님께서 우리를 만드신 후, '보시기에 심히 좋았더라.' 그리고 모세의 어머니가 아기 모세를 향해 '잘 생긴 것을 보고'의 마음인 '토브'(Tov)라는 '참 행복하다'를 고백하게 될 것입니다.

　설교 때 나누었던 시인 김기현의 '비오는 날'을 다시 나눕니다.

후두둑 후두둑
작은 물방울 글씨로
촉촉이 답안지를 가득 메워

주룩 주룩 주루룩
여기도 동그라미 저기도 동그라미

채점을 한다

비오는 날
여기도 백점 저기도 백점
틀린 곳 하나 없이 사방이 동그라미
..... 모두가 백점이다

하나님께서 시인을 통해 말씀하시는 것 같습니다. "저기요... 하나님께서
당신도 백점이고, 나도 백점이래요. 그러니 괜찮데요. 남은 시간만은 행복
하게 살래요."

존경하는 한 원로목사님이 쓰신 단상에 나온 글입니다. "공자는 사람의
나이 60을 '이순'(耳順) 즉, '귀가 순해진다' 하여, 이제 여러 사람들의 얘
기를 들을 수 있게 되었다고 하였다. 근간에 한 신학자의 보고에 따르면
최근 한국교회 교인의 평균 나이가 60에 가까이 가고 있다 하니 벌써 이
렇게 노령화 되었나 걱정도 되지만, 한편 이제야 남의 얘기를 들을 수 있는
나이가 되어 가고 있구나 생각하니, 그나마 다행이라 생각한다. 부디 이제
는 밖으로 세상을 향해서도, 안으로 교회에서는 더 이상 등 돌릴 때도 모
른 체 할 때도 아니다. 더 넓어지고 더 깊어지는 것만이 한국교회의 살 길
아니겠는가?"

온통 날선 비판과 끌어내리기 그리고 뒷담화로 이어지는 삶이나 신앙생
활은 결코 행복하지 않습니다. 그런 호흡으로 천 번을 예배드린들 진정한

안식은 없기 때문입니다. 다윗은 인생의 말년에야 이 비밀을 알고 이렇게 고백합니다. "주의 성전에서의 한 날이 왕의 궁궐에서의 천 날보다 나으니, 차라리 내 하나님의 성전 문지기로 있겠습니다"(시84:10). 왕이 된들 행복하지 않다면, 차라리 성전 문지기로 행복하게 살겠다는 것입니다.

그렇습니다. 이제 '부자 되세요!'가 아니라 '행복 하세요!'를 외칠 때입니다. (2019. 9.1)

나의 묵상

▌나는 다른 사람에 대해 어떤 마음을 가지고 있습니까?

하나님이 자기 형상 곧 하나님의 형상대로 사람을 창조하시되
남자와 여자를 창조하시고 _ 창 1:27

타인은 지옥이다?

저는 근본적으로 교회에 대한 로망과 향수가 있는 사람입니다. 아직까지도 그렇고 지금도 그렇습니다. 때로 선배 목사들이 이런 저에게 훈수합니다. "장목사, 그런 마음으로는 목회하기 어려워." 심지어 "교회는 전쟁터야 정신 바짝 차려야해"라고까지 합니다. 그런데도 주님의 교회에 대한 제 마음은 쉬 포기되지 못하고 있습니다. 그런데 가만 보니 이것은 제 마음이 아니라 주님의 마음이었습니다. 우리의 약함과 악함으로 인해 교회가 교회스럽지 못하게 되었을지라도, 주님은 그 안에서 당신의 교회를 다시 세워나가셨던 것입니다.

그런데 이런 주님의 마음과는 상관없이, 왜 주님의 교회에서 마저 누군가를 의식하고 그래서 정신 바짝 차리고 신앙생활 해야 할까요? 무엇이 오늘날 교회들로 이 지경까지 이르게 했을까요? 여러 이유가 있겠지만, 그중 하나는 바로 '교회 안에서의 말들' 때문입니다. 참 아이러니합니다. 사람을 살리는 복음도 누군가의 입을 통해 나오는 '말'로 역사가 일어나고, 사람에게 아픔을 주고 교회를 어려움에 처하게 하는 것도 '말'을 통해서

라니. 그래서 심지어 어떤 제자훈련에서는 그 사람의 말의 변화를 거듭남과 동일시하기까지 합니다.

더욱이 '확인되지 않은 말들'은 정말 '포도원을 허는 작은 여우'(아2:15)입니다. 사람들은 늘 본인의 생각이 맞다고 생각하지만 사실 그렇지 않은 경우가 더 많습니다. 그래서 쉽게 말하고 쉽게 전합니다. 그러다보니 말은 예리한 칼이 되어 온 교회와 영혼들을 찾아다니며 베이게 됩니다. 그런데 그 허망한 말들의 가장 큰 피해자가 정작 자기 자신이 된다는 것입니다. 알게 모르게 내가 뿌렸던 그 말들이 부메랑이 되어 다시 내게로 돌아옵니다. '사필귀정'(事必歸正)이지만, 그러는 사이 내 영혼과 교회는 만신창이가 되는 것입니다.

오죽 했으면, 야고보 사도는 "만일 말에 실수가 없는 자라면 곧 온전한 사람이라"(약3:2)라고까지 했을까요? 정치판이나 연예계에서 늘상 쏟아대는 말들을 굳이 상상하지 않아도, 우리는 끊임없이 '말들의 전쟁' 속에서 살고 있다는 것을 실감하게 됩니다. 최근 한 드라마의 제목이 가관입니다. '타인은 지옥이다'… 우리의 불필요한 말과 영양가 없는 관심이 얼마나 무섭고 사이코적인 것인지를 그대로 보여줍니다. 물론 이 드라마의 배경은 고시원이지만, 만약 그것이 교회라면?… 다행이다 싶으면서도 생각조차 하고 싶지 않습니다.

왜 이렇게 말로 인해 자신도 힘들고 상대에게 아픔을 주며, 신앙생활에도 낭패를 볼까요? 마음이 아프기 때문입니다. 사람과 세상을 보는 마음에 병이 들어가 제대로 작동이 되지 못하는 것입니다. 마음이 병들면 마음의 보챔이 심해집니다. 호흡은 거칠게 되고 생각은 멈추지 않게 되어 스스로를 옥죄게 됩니다. 타인에 대해 늘 불만의 마음이 쌓이게 되고 결국 그 마음은 말로 나오게 되는 것입니다. 그래서 이런 마음이 들 때마다 가능한 단순하게 생각하고 단순하게 바라보는 훈련이 필요합니다. 믿음의 비밀은 단순성에 있음입니다.

신선한 바람 덕분에 마음까지도 차분하게 되는 때입니다.... 혹여 타인이 지옥되는 마음이 생길 때면, 생각을 멈추고 주님 주시는 감사와 축복으로 채우시길 기도합니다. 누구 때문에 신앙생활 못 하는 것이 아니라, 그저 주님만 바라보는 안식을 누리게 될 것입니다. (2019. 9.22)

나의 묵상

▋나는 타인에게 단순합니까? 아니면 복잡합니까?

사랑하는 자들아 주께는 하루가 천 년 같고
천 년이 하루 같다는 이 한 가지를 잊지 말라 _벧후 3:8

믿음은 저절로 자라지 않습니다.

    본격적인 가을철이 되면서 주변에서 결혼식 청첩장을 받는 일이 늘어나고 있습니다. 우리교회에서도 이미 여러 자녀들이 결혼식을 올렸고 또 준비하고 있습니다. 참 감사한 일이 아닐 수 없습니다. 어리게만 보았던 자녀들이 이제 장성하여 사랑하는 사람을 만나 미래를 약속하고 새로운 가정을 꾸민다고 하니, 꼭 내 자녀가 아닐지라도 참으로 대견하여 그저 주님의 마음으로 아이들을 축복해 주고 싶은 마음이 우리 모두의 생각일 것입니다.

    저 역시 지난 시간을 돌아보니 참 적지 않은 자녀들의 결혼식을 주례했기에, 오늘 칼럼을 쓰면서 지금 다 어디에서 어떻게 살고 있을까 궁금하고 그들을 위해 기도하게 됩니다. 다들 사는 게 바쁘기에 때로는 자주 소식을 못 듣는 이들도 많지만, 가끔 전화라도 한 통 받으면 그렇게 기쁘고 감사할 수가 없습니다. 그런데 그런 가운데 안타까운 소식은 두 사람이 더 이상 행복하지 않다거나 아픔을 겪고 있다는 얘기를 들을 때 입니다.

그럴 때면 괜히 제가 주례를 잘못해 준 것 때문에 그런 것 같기도 하여 많이 안타깝고 속이 상합니다. 그런데 이런 과정에서 다시 깨닫게 되는 것이 있습니다. '결혼식'과 '결혼생활은 다르다'라는 것입니다. 결혼 전의 로맨스와 결혼 후의 현실적인 삶에는 차이가 크다는 것입니다. 그래서 '결혼하면 철 든다.' 보다는 '철 들어서 결혼해라'라는 쪽으로 더 마음을 기울여 봅니다. 즉 '사랑하니까 결혼'이 아니라 '준비되니까 결혼'으로 말입니다.

미국에서는 통상 성직자나 랍비가 주례를 하고 결혼증명서에 사인을 해줍니다. 이후 그것을 시청에 제출하면 비로소 공식적인 법적 부부로 인정을 받습니다. 그리고 교회에서는 결혼 전에 예비 신랑과 신부가 10주간의 '결혼 카운슬링'을 받도록 권면하고 있습니다. 최소한의 도움이지만, 이러한 과정을 통해 예비 신랑과 신부는 결혼에 대해 무엇보다 결혼 이후의 실제적인 삶에 대한 부분을 배울 수 있는 시간을 갖게 되는 것입니다.

결혼하고 그냥 살면 될 터인데, 왜 이런 학습의 과정을 권면하고 있을까요? 결혼식은 하루에 끝나지만, 결혼생활은 수 십 년을 가야하기 때문입니다. 신앙생활도 마찬가지입니다. 신앙생활은 평생 하는 것이기에 신앙의 원리와 실제를 배우는 공부가 필요한 것입니다. 이것을 가리켜 '제자훈련'이라고 합니다. 그래서 제자훈련은 모든 그리스도인에게는 선택이 아닌 필수과목인 셈입니다. 혹시 여러분은 이런 훈련을 받아보신 적이 있으신가요?

이제 이번 주부터 12주 과정의 [제1기 제자훈련]이 시작됩니다. 제자

훈련이란 주님의 마음을 알고 그 분의 뜻이 무엇인지를 그래서 그 주님의 뜻을 나의 삶의 현장에서 발견하고 적용해 나가는 것을 훈련받는 것입니다. 20년, 30년, 40년 예수 믿지만, 내 방식, 내 맘대로 믿으면 늘 제 자리에 멈춰 '내가복음'을 믿기 쉽습니다. 믿음은 저절로 자라지 않음 입니다. 이번 참석자들과 중보해 주시는 여러분들께 감사의 마음을 전합니다. (2019. 9.29)

성도들의 인내가 여기 있나니 그들은 하나님의 계명과
예수에 대한 믿음을 지키는 자니라 _계 14:12

한국 교회의
행복지수는 얼마일까?

　지난달 유엔 산하 자문기구인 지속가능발전해법네트워크(SDSN)는 [2019 세계행복보고서]를 발표했습니다. 이에 따르면, 한국의 행복지수는 10점 만점에 5.895점, 세계 54위입니다. 57위였던 작년보다는 3단계 올랐지만, 2017년 56위, 2016년 58위로 50위권에서 벗어나지 못하고 있습니다. 세계 205개 나라에서 54위 정도면 그래도 중상위권이네 하겠지만, 이 수치를 현재 우리나라의 경제적 성취와 비교해 보면 문제가 좀 심각합니다.

　최근 세계은행과 한국은행은 지난해 우리나라의 국내총생산(GDP)는 1조6천194억 달러로 전 세계 205개 중 12위이며, 또 1인당 국민총소득(GNI)은 3만1천349달러로 처음으로 3만 달러를 넘었음을 발표했습니다. 1인당 GNI는 국민이 국내외에서 벌어드린 총소득을 인구수로 나눈 값으로, 특히 국민소득 3만 달러는 선진국 진입 기준으로 여겨져 왔기에, 개인마다의 체감온도는 차이가 있겠지만, 어쨌든 수치상으론 선진국이 된 것입니다.

물론 수치적 비교로 모든 것을 평가할 수는 없지만, 우리나라의 경우는 경제적 수치와 행복 수치의 차이가 유별나게 크다는 것입니다. 즉, 우리나라는 다른 국가에 비해서 결코 부족하지 않은(24위) 수준의 돈을 갖고 있으며, 세계 다른 국가에 비해 건강하게 오래 살고(9위) 있지만, 삶에서의 행복도는 그것을 따라가지 못하는 기형적 모습을 가지고 있음입니다. 이 같은 모습을 향한 전문가들의 평가에 귀를 기울여 볼 필요가 있습니다.

"스펙 경쟁에만 몰두하게 하는 삶에서는 자유를 추구할 수 없습니다. 늘어만 가는 고독사와 줄지 않는 자살은 '사회적 지원'이 부족하다는 것을 보여줍니다. 외롭다는 겁니다. 청소년들의 온라인 활동과 행복도를 분석했는데, 스마트폰을 더 많이 쓸수록 행복하지 않았습니다. 초연결을 상징하는 스마트폰이 또 다른 소외를 불러오고 있음입니다. 연일 터지는 기득권층의 부정부패와 종교계를 향한 실망은 따로 말할 필요도 없습니다."

이번 주, 모처럼 서점에 들러 이에 대한 자료들을 찾아보고 관련된 책들을 살피다가... 문득 "그럼, 한국 교회의 행복지수는 얼마일까?" "한국 교회의 교인들은 얼마나 행복할까?"라는 생각이 들었습니다. 최근 모든 TV와 신문, 인터넷을 도배하고 있는 한국 교회의 모습을 보면서, 어느 교회의 교인수가 십 만 명이든 아니 전 세계에서 가장 큰 교회 20개 중, 12개가 한국교회라는 것이 이제는 자랑이 아니라 부끄러움이 되고 있습니다.

그래서 어느 교회처럼 큰 교회는 못 되고, 어느 목사처럼 큰 목회는 못 해도, 그저 교우들과 목사의 입에서 '행복하다'라는 말이 나올 수만 있다면, 정말 행복한 교회요 부러운 목사가 아닐까? 하는 생각이 듭니다. 교회와 자신을 묶고 있는 과거와 인습의 굴레에서 나와 행복의 습관을 부단히 고백하고 만들어가야 할 때입니다... 아시는 대로 이번 수요일, 휴일을 맞아 [한마음 전교인체육대회]가 있습니다. 모처럼 야외에서 모여, 행복지수를 높일 수 있는 좋은 시간입니다. 성도의 예배는 성도의 교제에서 완성됩니다. 중동고등학교에서 꼭 뵙겠습니다. (2019.10.06.)

나의 묵상

▌나의 행복지수는 어떠합니까?

너는 이방 나그네를 압제하지 말며 그들을 학대하지 말라
너희도 애굽 땅에서 나그네였음이라 _출 22:21

못난 놈들은 서로
얼굴만 봐도 흥겹다.

원로 시인인 신경림 선생은 지난 10년 전, 그의 자서전적인 에세이의 제목을 오늘 칼럼의 제목으로 정했습니다. 일제강점 말기와 해방의 공간, 그리고 전쟁 이후의 배고팠던 6, 70년대의 애환과 추억으로 독자들을 초청합니다. 나라도 개인도 잘나지 못했던 아니 참 못났던 그 때는 그렇게 서로 얼굴만 봐도 고맙고 흥겹기까지 했는데, 어느 때부터인가 얼굴보기도 힘들게 되었다고... 아니 이제는 얼굴을 봐도 별 반갑지도 않게 되었다고, 그렇게 시인은 못났던 시절, 못났던 사람들의 그리움을 독백합니다.

이스라엘을 방문하면 꼭 들리는 곳이 있습니다. 베들레헴에 있는 '예수 탄생교회'입니다. 이 교회가 인상적인 것은 폭은 물론 높이도 기껏 1미터 정도 밖에 되지 않는 출입문 때문입니다. 겨우 한 사람이 그것도 허리를 구부리고 머리를 숙여야만 들어갈 수 있는 작은 문입니다. 그래서인지 이 문의 이름도 '겸손의 문(Door of Humility)'입니다. 이 문으로 들어가야 비로소 동굴 밑의 본당이 나옵니다. 그리고 다시 본당에서 계단으로 따라 작은 동굴로 내려가야 예수님의 구유 자리를 만날 수 있습니다.

그것도 마치 아궁이처럼 깊이 파여 있습니다. 그래서 이제는 아예 무릎을 꿇어야 하고 손으로 만져보려면 거의 엎드려야 합니다. 이곳에 방문한 사람들은 이내 감동을 받습니다. 그것은 예수님을 만나기 위해서는 그 누구라도 자기를 낮추어야, 아니 '못나야' 하기 때문입니다. 황제라 하여도 말에서 내려 스스로 고개를 숙이고 교회 문을 통과해야 하고, 아궁이 같은 곳에 엎드려야 합니다. 그런데 바로 그 때 비로소 내면의 평안과 행복을 경험합니다. 이것이 예수님이 보여주신 성육신의 역설인 것입니다.

그렇게 못난 모습으로 오신 예수님을 우리는 세상을 구원하실 메시야로 고백하고 있습니다. 온통 잘 난 사람들의 외침과 독설이 난무하는 요즘, 공자의 말대로라면, 이 땅의 정치는 먼저 백성의 입(경제문제)을 해결하고, 두 번째는 편히 자도록(군사문제)하면 될 것입니다. 그러나 공자도 말년에는 가장 중요한 것은 '사람답게 살아가는 신의(信義)의 세상'이라 하였으니, 아무리 이 땅의 정치가 정반합의 논리라고 하지만, 서로 틀린 것이 없다는 잘 난 사람들의 외침 속에서 정작 소중한 것을 잃고 있음입니다.

지난 수요일의 날씨는 너무 아름다웠습니다. 이구동성으로 너무도 좋은 날씨라고 감탄할 정도로, 가을하늘은 참으로 맑고 높았습니다. 어쩔 수 없는 개인 일과 가정사가 있으셨기에 비록 다 함께 하지는 못했지만, [2019 한마음 체육대회]가 행복과 기쁨 가운데 마쳤습니다. 모였던 학교도 너무 예뻐서 이제는 매년 이곳에서 모였으면 하는 마음도 있어, 내년이 벌써부터 기다려집니다. 모처럼 나이도 잊고, 못난 사람들로 돌아가 작은 행복을 누리는 것은 올해 우리교회에게 주신 축복임에 분명합니다.

저는 내일부터 휴가를 갖고, 미국에 있는 아이에게 잠시 다녀오겠습니다. 아이가 오면 좋으련만, 잘 난 아이가 휴가를 친구들 결혼식으로 이미 다 써서 못난 부모가 찾아가게 되었습니다. 이제 비행기타는 것이 쉽지 않지만, 언제인가 얼굴만 봐도 흥겹게 될 날을 소망하며 잠시 다녀오겠습니다... 자식도 부모도 못나야 행복합니다. (2019.10.13.)

나의 묵상

▌내가 왜 사랑받고 있는지 아십니까?

하나님의 나라를 전파하며 주 예수 그리스도에 관한
모든 것을 담대하게 거침없이 가르치더라 _ 행 28:31

하나님과 동행한 사람

한 사람의 인생은 도대체 언제, 어떻게, 무엇으로 평가되어야 하는가는 인류의 역사만큼이나 오랫동안 회자되었던 질문이었습니다. 그래서 사람들은 영웅적인 존재나, 한 나라의 왕이나 재상 혹은 특출한 업적을 이룬 비범한 사람들의 삶과 죽음을 추적하곤 합니다. 그러나 가만히 지난 역사를 돌아보고 아니 우리 자신의 모습을 보노라면, 이 같은 평가가 실로 덧없고 큰 의미가 없다는 것을 깨닫게 됩니다.

이런 가운데 저의 눈에 들어 온 사람은 바로 '에녹'이라는 분이었습니다. 당시는 평균 900년을 살던 때였지만 에녹은 불과(?) 365년을 살았고, 또 그의 업적에 대해 별 특이한 기록이 없습니다. 그런데 성경은 이런 그에 대해 "에녹이 하나님과 동행하더니 하나님이 그를 데려가시므로 세상에 있지 아니하더라"(창5:24) 라고 말씀합니다. 에녹이 살았던 이것은 참으로 놀라운 고백입니다. 정말 이렇게 살고 이렇게 끝을 맺을 수 있다면 얼마나 좋을까 생각이 듭니다.

그리고 '하나님이 그를 데려가시므로'라는 말씀에 대해 훗날 히브리서 기자는 심지어 "믿음으로 에녹은 죽음을 보지 않고 옮겨졌으니 하나님이 그를 옮기심으로 다시 보이지 아니하였느니라"(히11:5) 라고 기록하고 있습니다. 이 말씀을 가만히 묵상해보면, 그가 이 땅에서 어떤 삶과 죽음을 경험했는지를 짐작할 수 있습니다. 그리고 하나님께서 '친히' 그를 '이곳'에서 '그곳'으로 옮기셨다는 것입니다. 즉, 에녹이란 분은 하나님의 자녀가 겪는 삶과 죽음의 모습이 어떠한 것인지를 정확하게 보여준 것입니다.

우리는 지난주에 우리 곁에 있었던 또 한 분의 에녹이신 호기현 장로님을 친히 그분께서 이곳에서 그곳으로 데려가시는 것을 경험하였습니다. 늘 인자한 아버지와 큰 형님과 오빠처럼 함께 계셨는데, 생각지 못한 주님의 부르심은 우리 모두를 놀라게 하고 슬픔에 빠지게 하였습니다. 병원에서도 오히려 웃으면서 맞아 주셨는데. 또 지난시간 동안 크게 아파본 일이 없을 정도로 주님께서 축복을 주셔서 아쉬운 것이 없다하시기에 오히려 곧 회복하실 거예요 했는데... 정말 주님께서 그렇게 장로님을 친히 옮기신 것입니다.

여러분도 그러시겠지만, 제 마음에도 아쉬움이 적지 않습니다. 마치 은연중에 의지했던 큰 형님에게 사랑하고 고맙다는 말도 못 드린 체, 헤어진 것 같은 마음입니다. 저에게 장로님의 인상은 참으로 소탈하시고 동시에 초탈하신 모습이셨습니다. 그분의 웃는 얼굴은 그분이 지녔던 믿음의 고상함이요 사람과 교회에 대한 아버지의 마음이셨습니다. 주님이 그 마음에 없으면 결코 가질 수 없는 모습이었기에, 장로님은 그 모습으로 한 평생을 한 아내의 남편과 또 아버지로, 훌륭한 교육자와 무엇보다 믿음의 사람으로 사셨던 것입니다.

사실 오늘 주일예배를 마치고 장로님들 가정들과 점심을 같이 하는 날로 정하여, 꼭 회복하셔서 식당에서 뵙기로 했는데, 이제 장로님과의 애찬은 이곳이 아닌 그곳에서 해야 할 것 같습니다. "장로님, 많이 그리울 것입니다. 이제 그곳에서 주님과 평안히 쉬세요. 저도 장로님께서 보여주신 그 평안과 넉넉함으로 이곳에서의 삶을 잘 마무리하겠습니다. 그리고 그곳에 좋은 식당 예약해 주세요. 거기서 꼭 같이 식사해요. 베풀어 주신 사랑에 다시한번 감사드립니다." (2019. 11.3)

나의 묵상

▌먼저 천국에 가신 분들 중에 기억나는 분이 계십니까?

그런즉 너희는 먼저 그의 나라와 그의 의를 구하라
그리하면 이 모든 것을 너희에게 더하시리라 _ 마 6:33

대강절 둘째 주간,
마음을 살피십시오.

    대강절 둘째 주일 아침, 주님의 은총이 여러분들과 함께 하시길 기도드립니다. 지난 첫 주일에 밝혔던 보라색 '소망의 초'에 이어, 오늘은 같은 보라색으로 두 번째 촛불을 밝힙니다. 이를 가르쳐 '준비의 초' 혹은 '회개의 초'라고 합니다. 이는 우리 마음의 교만과 죄를 회개하며 그 비어진 마음에 예수 그리스도를 맞이할 준비를 하며 회개하는 것을 의미합니다. 그래서 오늘 대강절 두 번째 주의 화두는 '가난한 마음'이라 할 수 있습니다.

    이번 한 주간, 지난주일 칼럼을 통해 말씀드린 대로 저는 새벽 시간 주님께 나오는 교우님들의 기도를 도와 드릴 수 있었습니다. 모양은 제가 안수할지라도 우리 주님께서 친히 사랑하는 교우들의 몸과 영혼을 만져주실 것을 믿기에, 저 역시 매시간 감사함과 간절함으로 기도해 드릴 수 있었습니다. 그런데 이렇게 새벽에 기도하면서 묵상되는 것이 하나 있었습니다. 바로 하나님께 겸손히 나아가는 분들이 갖고 있는 공통점이었는데...

    바로 '마음의 밭'을 잘 가꾼 분들이라는 것입니다. 생전에 그리스도를 보게 되는 약속을 받았던 시므온이 주님을 만났을 때, 그는 이렇게 말했습니다. "또 칼이 네 마음을 찌르듯 하리니 이는 여러 사람의 마음의 생각을 드러내려 함이니라 하더라"(눅2:35) 그렇습니다. 주님은 우리의 마음의 생각을 드러내는 분입니다. 그것은 칼이 마음을 찌르는 것과 같다고 했습니다. 누구에게나 마음의 생각이 드러나는 것은 너무나 두렵고 고통스런 일입니다. 그럼에도 불구하고 하나님은 그렇게 하시고 새롭게 그 마음을 일구십니다.

보통 건강검진 중, 장 내시경 검사를 하게 되면 하는 이야기들이 있습니다. '수면 마취를 하고 해야 하나? 그냥 해야 하나?' '이번에 용종이 발견되어 제거했다' '악성인지 조직검사를 하였다'... 이렇듯 우리는 혹시나 몸에 어떤 문제가 있는지 관심이 큽니다. 그래서 비싼 검사비를 들이고 고생을 하며 내시경 검사까지 합니다. 그러나 마음에 있는 문제에 대하여는 너무 소홀합니다. 그러다보니 마음의 밭이 엉망이 된 채로 오랜 시간 동안 힘든 삶을 살게 됩니다. 그런데 이것이 건강한 신앙생활을 방해하는 데 가장 큰 요인이 됩니다.

마음의 밭을 잘 돌보지 않게 되면, 이내 잡초가 자라나 마귀가 마음의 주인 노릇을 하게 됩니다. 서서히 하나님과의 관계는 멀어지고 사람과의 관계도 힘들어 집니다. 결국 마음은 늘 쫓김과 보챔, 비교와 질투로 가득하게 되고 염려와 근심, 열등감과 두려움에 붙잡히게 됩니다. 이번 한 주간, 교회이든 집이든 여러분의 마음을 주님께서 올려드리고 다스려 주시기를 간구하십시오. 하루의 첫 시간인 새벽은 마음을 볼 수 있는 가장 좋

은 시간입니다. 이번 한 주간 저 역시 다시 여러분의 기도를 안수함으로
돕겠습니다.

　그리고 이번 금요일과 토요일 이틀 동안 1기 제자훈련생들이 경기도 광
명으로 전도여행을 떠납니다. 지난 석 달 동안 훈련받느라 수고하신 여러
분들의 수고와 헌신에 깊은 감사를 드리며, 이를 위해 여러 교우님들의 중
보를 부탁드립니다. 주님께 감사한 일이 참 많습니다... (2019. 12.08)

나의 묵상

▌나는 매일 나의 마음을 돌보고 있습니까?

또 물으시되 너희는 나를 누구라 하느냐 베드로가 대답하여 이르되
주는 그리스도시니이다 하매 _ 막 8:29

부디 일보(一步)만
내디뎌 보십시오.

오늘은 '송년주일 및 청지기 주일'로 드립니다. 한 해를 잘 마무리하게 해 주신 주님께 감사를 드립니다. "여러분, 정말 수고 많으셨습니다! 그러나 돌아보니 다 주님의 은혜였습니다!" 이 같은 고백은 내가 인생의 주인이 아니라 주님만이 참 '주인'이심을, 또한 내가 인생의 경영자가 아니라 나는 그저 그분의 '청지기'임을 다시금 깨닫게 됩니다.

그러나 이러한 고백의 청지기 삶은 생각보다 쉽지 않습니다. "오늘날 그리스도인의 위기는 필요에 대한 '요구'는 있지만 필요에 대한 '책임'은 지지 않으려 하고, 축복의 '열매'는 소망하지만 뿌리지 않은 '씨'에 대해선 무지하다." 하나님의 사람, E. M. 바우어의 말입니다. 오늘날 그리스도인의 고민과 현주소를 잘 표현한 글인 듯싶습니다.

교회의 역사를 돌아보면, 교회에 임한 주님의 은혜를 잘 붙잡고 한 시대 속에서 사명을 감당할 수 있었던 것은 바로 '신실한 그리스도인들' 때문이었습니다. 그들은 교인이나 일꾼 이상의 '청지기'와 '제물의 삶'을 살았던 자들이었으며, 이 같은 그들의 헌신은 그들의 삶은 물론 가정과 자녀들에게까지 놀라운 축복으로 영향을 끼쳤던 것입니다.

청지기적인 삶은 크게 두 가지입니다. 먼저는 '물질의 청지기'로 '온전한 십일조의 서약'입니다. '십일조'는 돈의 중심에 주님이 계시다는 선언입니다. 십일조는 실제적 삶의 믿음이며, 땅의 문제를 경영하시는 주님을 체험하게 되는 가장 빠른 통로입니다. 물질의 세계에서 믿음이 체험될 때, 비로소 주님의 다스리심과 채워주심을 알게 됩니다.

또한 십일조의 핵심은 '온전한' 드림입니다. 드림은 액수가 아닌 진실함의 문제입니다. 만약 십일조가 대충의 정도 혹은 체면상 정도의 드림이라면 하나님은 그것을 결코 기뻐하지 않으십니다. "만군의 여호와가 이르노라 너희가 눈 먼 것, 저는 것, 병든 제물을 드리는 것이 어찌 악하지 아니하냐 이제 그것을 너희 총독에게 드려 보라 그가 너를 기뻐하겠으며 너를 받아 주겠느냐"(말1:8) 온전한 드림이 될 때, 드림이 기쁨으로 역전됩니다.

두 번째, 청지기적 삶의 드림은 '사역의 청지기 서약'입니다. 교회는 세상과 우주의 축소판입니다. 그래서 교회를 통해 어떻게 주님을 위해 봉사할지, 즉 내게 주신 은사와 시간, 건강을 어떻게 사용할 것인지를 배우고 동참하게 됩니다. 사역에는 크고 작음이 없습니다. 어떤 모습으로라도 섬길수 있습니다. 그때 또 다른 은혜를 경험하게 됩니다.

내가 섬길 수 있는 사역이 무엇인지? 잘 살펴보십시오. 그리고 기도해 보시고, 부디 일보(一步)만 내디뎌 보십시오. "물 위를 걸으려면 배 밖으로 나와야 합니다." 주님이 주신 물질과 은사, 건강과 시간이 온전히 주님께 드려지기를 축복하고 기도하겠습니다. "오직 너희를 위하여 보물을 하늘에 쌓아두라"(마6:20) 잊지 마십시오. 이 주님의 명령은 바로 여러분 자신을 위한 것입니다. (2019. 12.29)

나의 묵상

▌나는 지금도 성장하고 있습니까? 나의 일보(一步)는 무엇입니까?

몸이 하나요 성령도 한 분이시니 이와 같이
너희가 부르심의 한 소망 안에서 부르심을 받았느니라 _엡4:4

2020

첫 주일, 다시
리셋(re-set)하는 마음으로

새해가 밝았습니다. 신년 첫 주일 아침, 여러분 모두에게 주님의 이름으로 문안드립니다. 무엇보다 올 한해도 더욱 건승하시고 하늘 복 많이 받으시길 기도드립니다. 올 새해의 첫 번째 매일성경 본문 말씀이 '태초에 하나님이 천지를 창조하시니라"(창1:1)이었습니다. 얼마나 감사와 감격, 감동이 되는지... "아, 하나님이 신년 첫 날부터 이렇게 다시 나를 재창조 하시는구나!" 다시 한 번 하나님의 말씀 앞에서 저를 바라보게 되었습니다.

하나님은 우리를 다시 '재창조'(re-creation)하시기 원하십니다. 오늘날의 언어로 빌리자면, '리셋'(re-set)하기를 원하신다는 말입니다. 컴퓨터나 핸드폰에 문제가 생기면 예외 없이 꼭 해야 하는 것이 있습니다. 즉, on 되어 있었던 것을 off로 바꾸어 기기를 완전히 껐다가, 다시 on으로 켜는 것입니다. 잠시 보지 못하고 좀 시간이 걸리더라도 그렇게 해야 프로그래밍이 다시 되면서, 원래의 상태로 재생되어 제 기능을 하게 됩니다.

이런 의미에서 하나님이 우리에게 새 시간과 새 마음을 주신다는 것은 우리가 '리셋'되어 새롭게 출발하기를 원하신다는 것입니다. 지난 시간에 있었던 좋지 않았던 기억이나 일들의 바이러스에 '갇혀'(stuck)있지 말고, 다시 마음을 잘 리셋(reset)하여 지혜롭게 살라는 것입니다. 즉, 하나님이 주시는 마음으로 나에게 남은 시간을 잘 계수하며, 자신과 공동체에 덕을 세우면서 그렇게 아름답고 진실하게 최선을 다하여 살라는 것입니다.

그러나 상황은 항상 만만치 않습니다. 이스라엘 백성들이 가나안 땅의 목전에서 맞이한 성은 난공불락의 요새, '여리고'였습니다. 현실적으로 보면 350년을 노예로 살았던 이스라엘 백성에게는 감당할 수 없는 성이었습니다. 분명한 이 땅의 '현실'(present)이었지만, 이스라엘 백성들은 이것을 하늘의 '선물'(present)로 받아드립니다. '위기'(危機)를 '기회'(幾回)로 리셋(reset)시켰던 것입니다.

사실 저 뿐 아니라 모든 이들에게 올 '2020년'이라는 숫자는 마치 공상 영화에나 나오는 비현실적인 숫자였을 것입니다. 그래서인지 2020년이란 숫자가 저에게는 2020년대, 즉 10년 단위로 느껴집니다. 제가 너무 시간의 폭을 크게 잡은 것일까요? 그리고 이런 가운데 저의 가장 큰 관심은 아무래도 "10년 후, 우리교회는 어떻게 변화되어 있을까?"하는 것입니다. 그러고 보니 저에겐 그 10년이 저에겐 우리교회를 위해 허락된 시간이 되는 것 같습니다.

여러분 모두 자신의 지금 나이에서 10년 후를 바라본다면, 그래서 어떤 분은 그때 영광스러운 천국에 있을 수도 있고, 이제 70대와 80대를 바라보시는 분들도 계시겠지만, 그것이 어느 연령대이든 상관없이 이제부터의 한 해 한 해가 너무나도 소중하게 느껴지는 것입니다. 2020년대 동안, 그래서 앞으로의 10년이 진정 주님의 교회가 온전하고 건강하게 세워지는 시간이 되었으면 하는 마음이 더욱 간절해지는 이유입니다.

올 한 해, 그런 마음으로 다시 겸손히 우리의 마음을 리셋 해 보면 어떨까요? 분명 좋은 날이 올 것입니다.(2020. 1.5)

나의 묵상

▌다시 새롭게 할 마음가짐이 있다면 무엇입니까?

주 예수 그리스도의 은혜와 하나님의 사랑과 성령의 교통하심이
너희 무리와 함께 있을지어다 _ 고후 13:13

잔치 떡을 나누는
당회와 구역회

오늘은 지난 해 2019년의 회무를 마무리하고 새로운 2020년 회기를 준비하는 '당회'(堂會/Annual Conference)와 '구역회'(區域會/Charge Conference)가 있습니다. 사실 과거에는 보통 정기 당회와 구역회를 12월 중순이나 말 정도에 했습니다. 그런데 이제는 회무정리나 세무정산 등의 시기를 12월31일로 마감하는 것이 보편화되어서 이제는 우리교회처럼 1월에 하는 것으로 바뀌고 있습니다. 아마 늘 12월에 하셨던 것으로 기억되는 분들에겐 다소 늦은 감이 있을 것입니다.

그러나 시기만 바뀐 것은 아닙니다. 많은 교회들이 당회나 구역회를 그저 업무와 재정, 인사문제를 다루는 '긴장하고 당혹해 하는 모습'의 당회로부터 좀 더 축복하고 격려하는 '축제적인 모습'으로 변화를 꿈꾸고 있습니다. 이것이 당연한 것이, 지난해를 결산하고 새해를 준비하는 당회와 구역회는 그 자체로 격려와 감사의 시간이 되어야 함입니다. 그런데 어찌하다보니 한국교회의 회의는 막장 국회 모습과 별반 다르지 않을 때가 많습니다.

오죽하면 일식집에서 목사에게 어떤 회를 먹겠냐고 물으니 "당회 빼고 다 주세요"하고, 젊은 목회자들에게 목회 비전이 뭐냐고 물으니 "장로 권사 안 뽑는 목회를 하겠습니다."라고 했겠습니까? 비단 목회자들만의 고민이 아닙니다. 중직자는 말할 것도 없고 평상시엔 신앙생활 잘 하는 교인들마저도 회의만 들어오면 긴장하고, 혹이라도 중요한 안건이나 직분 선출하는 건이 있다는 소식이 들리면, 그 동안 보이지 않던 사람들이나 가족까지 다 동원(?)되는 곤혹스러운 장면이 연출되기도 합니다.

물론 먼저 목회자가 많이 기도하고 잘 해야겠지만, 여기에는 '회의(會議/meeting)를 회의(懷疑/skepticism) 들게 하는' 경직된 모습이 너무 많기 때문입니다. 이것은 동서 나라와 관련이 없는 것 같습니다. 오죽하면 미국 연합감리교회(UMC)의 연초 목회자와 평신도 세미나의 가장 중요한 과목이 '회의를 이끄는 방법'과 '회의 개론' 이겠습니까? 그런데 가만 보니, 이 사람들이 그나마 회의를 잘 하는 이유는 옳고 그름의 문제가 아니었습니다. 바로 회의 분위기를 그렇게 감사와 축복의 시간으로 갖고 동시에 사람의 목소리가 아닌 주님의 뜻을 구하는 마음이 오랫동안 그들 안에 축적되어 있기 때문입니다.

즉, 함께 감사하고 서로 축복하며 기도하는 시간으로 회무의 공간들을 채워나가는 것입니다. 문제없는 교회는 없지만, 문제를 문제없이 해결하는 교회가 좋은 교회요, 그것이 그 교회의 영적 내공이고 수준입니다. '당회, 구역회 syndrome(증후군)'에서 나와 당회, 구역회를 감사와 축복, 기도의 시간으로 바꾸는 것입니다. 그래서 오늘 잔치용 시루떡을 준비했습니다. 회무 다 마치고 함께 나눌 것입니다. 많이 동참해 주십시오.

무엇보다 임원들을 믿어주셔서 지난 한 해 잘 섬겼고, 올해도 잘 준비했습니다. 그래서 회의시간도 1시간이면 족할 것 같습니다. 대표기도와 식사기도 그리고 회의는 짧을수록 좋습니다. 지난 한 해, 여러분 정말 수고 많으셨습니다. 그리고 올 한 해도 잘 부탁드립니다.(2020. 1.12)

나의 묵상

▌교회 생활하면서 모임과 회의에 대한 좋은 기억이 계십니까?

예수는 우리가 범죄한 것 때문에 내줌이 되고
또한 우리를 의롭다 하시기 위하여 살아나셨느니라 _롬 4:25

이번 설 연휴, 작전(?)을 잘 짜보십시오.'

　벌써 한참 전이지만, 1970년대 초 조국 땅의 근대화와 함께 가족들의 끈끈한 사랑을 이야기했던 TV 드라마가 온 나라를 들썩이게 했던 적이 있습니다. 당시 원로배우였던 김희갑씨와 황정순씨가 노부부로 그리고 그 밑에 일곱 딸과 사위들이 등장했었지요. 드라마에 나왔던 배우들이 지금이야 대부분 은퇴한 분들이 되었지만, 당시에는 정말 인기가 대단했습니다.

　처음에는 어려운 시절, 국민계몽 드라마로 시작되어 그야말로 팔도에 흩어져 있는 일곱 딸들을 노부부가 방문하는 내용이었습니다. 그러나 시간이 지나면서 드라마는 부모와 자식 사이 그리고 자식과 자식들 사이에서 일어나는 가족사 해프닝들이 주제가 되었습니다. 아직 칼라TV가 나오지 않았던 당시, 온 국민들의 마음에 오랫동안 여운을 주었던 드라마였습니다.

　그런데 왜 그렇게 국민들의 마음이 움직였을까? 바로 가족들의 '애

120

환'(哀歡) 때문입니다. 사실 우리나라 사람들에게는 가족이란 말보다는 여전히 '식구'(食口)가 더 친근합니다. 식구란 말 그대로 '함께 밥 먹는 사람들'이었습니다. 그런데 어느 때부터인가 자녀들은 다 도시로 떠나가고 또 둘 이상 낳지 말라는 국가 캠페인으로 정말 단촐한 가족이 되어 버렸습니다.

비록 같이 밥 먹는 입들의 수도 줄었고, 이제는 굶지 않는 시대가 되었음에도, 그래도 밥은 먹고 다니냐고 물어봐 줄 수 있는 것이 가족입니다. 그런데 어느 순간부터 분명 가족인데, 자주 연락도 안 되고, 같이 밥 한 번 먹는 스케줄 잡기도 버거워졌습니다. 사람들은 이것을 '가족해체'라는 섬뜩한 단어를 쓰기도 하지만, 그만큼 분리와 무관심이 커진 것입니다.

이것을 좀 더 영적으로 얘기하면, '나의 땅 끝은 가족이다'라는 말로 표현될 정도로 가족의 정체성이 사라져가고, 생각과 가치의 양극화 현상이 심각해진 것입니다. 무엇보다 신앙의 계승과 공유화 차원에서는 그 극간이 더 심각해졌습니다. 부모의 신앙적 경계를 떠나거나 이런 저런 일로 교회를 떠난 자녀들이 다시 교회로 돌아올 확률이 점점 줄어들고 있습니다.

이것은 지금 대부분의 전쟁 전후와 베이비붐 세대의 부모들이, 아니 최소한 대학생 자녀들을 둔 부모들이 겪고 있는 공통적인 문제입니다. 즉, '가족이탈'이라는 사회적 현상에 '신앙이탈'이라는 영적 현상이 같이 맞물린 것입니다. 그래서 이번 연휴 같은 시간이 되면, 종종 충돌과 갈등이 일어나기도 합니다. 이 두 가지를 동시에 해결하고픈 부모의 마음 때문입니다.

그래서 작전(?)을 잘 짜셔야 합니다. 가족끼리의 화합과 연대를 가지면서 동시에 믿음의 권면이 필요합니다. 하나님의 때, 그 안에는 우리의 최선도 있음을 기억하시고, 주님의 때를 위한 '거룩한 작전'이 절실합니다. 방치는 결코 좋은 방법이 아닙니다. 명절에 주일이 낀 이번 같은 시간은, 부모를 찾아온 자녀들의 마음을 움직여 함께 예배드릴 수 있는 좋은 기회입니다.

자녀들의 믿음을 포기할 수 없는 것은, "할 수 없지 뭐. 자기들이 싫다는 데" 하다가도 포기할 수 없는 마음을 주님이 주시기 때문입니다. 가족들을 향한 간절한 화평함이 마침내 거룩함을 가져오게 할 것입니다. (2020. 1.19)

<hr>

나의 묵상

▌가족 중에 '복음을 위한 작전'이 필요한 분이 계십니까?

<hr>

십자가의 도가 멸망하는 자들에게는 미련한 것이요
구원을 받는 우리에게는 하나님의 능력이라 _ 고전 1:18

구정을 보내면서
생각나는 섬

구정, 잘 쇠셨는지요? 이렇게 '다시' 새해(?)에 주님의 교회에서 뵙게 되어 반갑습니다. 혹이나 멀리 고향을 찾아가신 교우님들께도 동일한 마음으로 안부 전합니다. 부디 그곳에서도 귀한 만남과 예배가 있으시기를 축복합니다. 이렇게 명절이 되면 여전히 국가적인 대이동이 있는 것을 보면, 사람들의 회기본능은 참으로 놀랍습니다. 영적으로는 마치 하나님을 향한 마음과 별반 다르지 않음입니다.

그런 가운데 문득 신학교 때 같이 기숙사를 썼던 친구 하나가 생각이 납니다. 그 친구의 고향이 덕적도였는데, 자기는 고등학교 때 뭍에 나와 공부했기에 스스로 집안 최초의 유학파(?)라고 했던 친구입니다. 그러나 거기까지였습니다. 가난했던 그 친구는 명절이나 방학이 되어도 고향에 가지를 못했고, 텅 빈 기숙사를 늘 홀로 지켰습니다. 그런 친구의 외로움이 어땠을까? 이제야 느껴지니 사람은 확실히 늦게 철이 드는 것 같습니다.

교우 중에 명절이면 어김없이 백령도로 가서 북녘 땅을 바라보며 예배를 드렸던 분이 계셨습니다. 일사후퇴 때 황해도에 있던 가족들과 헤어졌고, 결국 혼자만 남쪽에 내려오게 된 것입니다. 얼마나 그립고 얼마나 힘드셨을까? 그때는 몰랐는데, 이번 명절을 지내면서 또 문득 생각이 납니다. 그래서 말인데... 혹시나 이분들처럼 마음에 위로가 필요한 분이 계시다면, 가지 못했던 덕적도나 황해도는 아닐지라도, '그래도'라는 섬이 있음을 기억하신다면 힘이 나실 것 같아 이 시를 읊어드리고 싶습니다.

가장 낮은 곳에
젖은 낙엽보다 더 낮은 곳에
'그래도' 라는 섬이 있다.

그래도 살아가는 사람들
그래도 사랑의 불을 꺼트리지 않는 사람들
세상에서 가장 아름다운 섬, '그래도'.

어떤 일이 있더라도
목숨을 끊지 말고 살아야 한다고
부도가 나서 길거리로 쫓겨나고
뇌출혈로 쓰러져
말 한마디 못해도 가족을 만나면 반가운 마음.

중환자실 환자 옆에서도
힘을 내어 웃으며 살아가는 가족들의 마음속

그런 사람들이 모여 사는 섬, '그래도'
그런 마음들이 모여 사는 섬, '그래도'
'그래도' 라는 섬에서
'그래도' 부둥켜안고
'그래도' 손만 놓지 않는다면

언젠가 강을 다 건너 빛의 뗏목에 올라서리라
어디엔가 근심 걱정 다 내려놓은 평화로운
'그래도' 거기에서 만날 수 있으리라...

- 김승희, 〈'그래도'라는 섬이 있다〉 (2019. 1.26)

나의 묵상

▪ 그래도 내가 사랑해 주고, 이해해 주며, 주님을 전해 주어야 할 분이 계십니까?

그는 우리의 화평이신지라 둘로 하나를 만드사 원수 된 것
곧 중간에 막힌 담을 자기 육체로 허시고 _ 엡 2:14

지금이야말로 회개와
긍휼을 구할 때입니다

"아버지 하나님, 요즘 중국 우한에서 발병된 코로나 라는 신종 바이러스로 인해 적지 않은 사람들이 생명을 잃고, 그로인해 중국 땅은 물론 온 나라들이 두려움에 빠져 있습니다. 우한은 중국에서 젊은이들과 자녀들이 가장 많은 곳인데, 지금은 완전히 고립되어 남아있는 백성들이 공포와 절망 속에 있습니다. 그리고 이제 우리나라에도 확진자가 생기면서 백성들의 마음이 흔들리고 있습니다. 부디 '하나님이 아브라함을 생각하사'(창 19:29) 응답하셨듯이, 이 땅에 구원의 손길을 베푸시옵소서.

주님, 먼저 기도드리는 것은 이 모든 어려움이 저희들의 이기심과 탐욕에서 왔음을 고백합니다. '이 땅을 다스리고 보호하라'고 하셨건만 저희들의 끝없는 욕망은 자연과 생태계를 파괴하고 오직 우리들의 배를 채우면서 먹고 사는 데만 급급해 왔습니다. 또한 저희들의 교만을 회개합니다. 그저 이 땅의 떡에 영혼을 뺏긴 체, 검은 정치와 황금 경제 그리고 세속 문화 속에서 하나님을 떠나 이 땅은 소돔과 고모라가 되었음을 고백합니다.

주님, 간절히 기도하옵기는 이 땅과 이 백성을 긍휼히 여겨 주옵소서. 이번 코로나바이러스를 통해, 우리의 재주와 힘이 얼마나 무기력한지를 다시 보게 하소서. 우리가 아직도 죄악과 이기심, 교만에서 벗어나지 못하고 있지만, 연약한 아브라함을 그랄 땅 아비멜렉 왕을 통해 다시 회복시켜 주셨듯이, 부디 주님의 은혜가 저희들의 죄보다 훨씬 큼을 다시 한 번 보여 주옵소서.

그리고 위정자들과 정치인들, 모든 언론들이 당리당략이나 자기주장에서 나와 백성들을 잘 선도할 수 있도록 하나님과 백성을 두려워하는 마음을 주옵소서. 무엇보다 의료진들에게 주님의 지혜를 주사, 더 이상 바이러스가 확산되지 않고 잡힐 수 있게 하옵소서. 또한 이 위기 속에서 백성들의 마음을 하나로 묶어 주사, 잘못된 뉴스로 인해 동요하지 말게 하시며 합리적인 생각과 하나 된 믿음으로 이번 어려움을 잘 극복하게 하옵소서.

무엇보다 바이러스의 근원지인 중국 땅을 위해 중보합니다. 근간에 시진핑 주석은 마치 바벨론의 느브갓네살 왕처럼 스스로 독재의 우상이 되어, 본토 안의 모든 교회와 그리스도인들을 박해하고 모든 선교사들을 추방하는 일을 자행하며, 성경을 압수하고 중국 사회주의 성경을 따로 제작하는 일을 시작하고 있습니다. 간절히 기도하기는 '그 밤에 하나님이 아비멜렉에게 현몽하시고 그에게 말씀하신 것'(창20:3) 같이, 이 일로 인해 그가 하나님을 심히 두려워하고 겸손히 무릎 꿇게 하옵소서. 그리하여 세계에서 가장 많은 나라를 국경삼고 있는 중국에 다시 교회가 세워지며 복음이 살아나게 하옵소서.

또한 우리나라도 이번의 위기를 통해 오직 하나님만이 우리의 주인 되심을 기억하게 하시며, 극심한 분열과 맘몬주의에서 나와 오직 피 묻은 예수 그리스도의 십자가로 성결하게 하옵시며 다시 주님 앞에 복음으로 서게 하옵소서. 또한 이 중보자의 역할이 우리들에게 있음을 잊지 말게 하옵소서...우리나라를 보우하시며 치료의 근원이 되시는 예수님의 이름으로 기도드립니다. 아멘." (기도문을 읽으시면서 마음을 모아 계속 기도해 주십시오) (2020. 2.2.)

나의 묵상

▌세계와 나라들을 위해 기도하신 적이 있습니까?

그러나 그 날과 그 때는 아무도 모르나니 하늘에 있는 천사들도,
아들도 모르고 아버지만 아시느니라 _ 막 13:32

하루에 세 번,
비상한 기도를 드립시다.

이번 한 주간 목양칼럼에 나온 기도문과 Youtube 기도영상을 통해 함께 기도해 주신 여러분들께 감사를 드립니다. 주변의 여러 교회들이 또 미국과 중국에 있는 여러 목회자들과 교회들도 함께 이 기도를 나눌 수 있었습니다. 이런 가운데 한 선배 목사님과 지금의 상황에 대한 기도를 몇 차례 메일로 나누다가, 그분이 엊그제 한 조간신문에 기고한 '비상한 기도를 시작합시다.'라는 제목으로 기도를 올려서, 이 기도를 여러분과 함께 나누고 싶습니다.

"나라를 위해 '비상한 기도'를 해야 할 때입니다. 그만큼 우리의 형편과 시국이 어려워지고 있다는 의미입니다. 신종 코로나바이러스 감염증으로 인한 두려움이 확산되고 있습니다. 그리고 보수와 진보 가릴 것 없이 아군 아니면 적으로 여기는 현상이 심각한 사회갈등을 일으키고 있습니다... 혼란스러운 나라 형편을 보면서 거룩함과 사랑으로 세상의 소금과 빛이 돼야 할 교회가 제 책임을 다하지 못한 죄를 깊이 회개합니다."

"지금도 늦지 않았습니다... 미움과 증오에 마음을 빼앗긴 채 어려운 상황을 비방하고 비난만 하며 부정적으로 단정하는 것은 그리스도인의 태도가 아닙니다. 어떤 상황에서도 하나가 되어 역사를 주관하시는 하나님께 기도해야 합니다. 오늘 우리나라의 형편을 보면 하나님께서 우리를 더욱 비상한 기도로 이끄심을 깨닫게 됩니다. 그냥 '기도 했다'는 것으로는 안 됩니다. 하나님은 '너희가 정말 나를 의뢰했느냐' 물으십니다. 하나님께서는 힘을 잃어버린 삼손 같은 한국교회를 다시 쓰시기를 원하십니다."

"나라를 위한 답답함으로 시작한 기도는 통곡으로 이어져 '하나님 우리를 살려주십시오.'의 탄원과 부르짖음이 되어야 합니다. 우리는 예수 그리스도 안에서 기도할 수 있는 은혜를 받은 자입니다. 하나님을 아바 아버지로 부르며 기도할 수 있는 것은 우리가 받은 가장 큰 복입니다. '구하라 그러면 주실 것이요' 하신 말씀은 진정 주님의 약속입니다. 우리에게는 나라와 민족을 위해 기도할 권세가 있습니다. 이 사실을 믿는다면 지금이야말로 비상한 기도에 들어가야 할 것입니다."

"간혹 '기도만 하면 다냐'는 식으로 말하는 이가 있습니다. 그렇지 않습니다. 기도하는 분들은 공감하겠지만 기도는 우리가 할 수 있는 일 중에 가장 어려운 일입니다. 때로 '행동이 곧 기도'라는 말도 있지만, 엄밀히 말하면 기도와 행동은 다른 영역입니다. 골방기도가 없으면 하나님의 역사는 없습니다. 나라의 어려움으로 더 기도하게 됐지만 이로 인해 기도하는 이들이 더 많이 일어나고 한국교회가 기도의 능력을 가진 교회로 세워지기를 소원합니다. 주님께서 기도하는 여러분과 함께 하십니다."

그래서 여러분에게 부탁드립니다. 우리 함께 '비상한 기도'를 올립시다. 하나님의 사람 다윗과 다니엘이 또 초대교회 주님의 제자들이 그러했던 것처럼, 마음을 모아 '하루에 세 번의 기도'를 드렸으면 합니다. '오전 9시, 오후3시, 저녁9시' 하던 일을 잠시 멈추고 하늘을 바라보고 주님의 긍휼을 구하는 것입니다... 지금은 정말 비상한 기도를 드릴 때입니다.(2020. 2.9)

<table>
<tr><td>나의 묵상</td></tr>
</table>

▌지금 다시 '비상한 기도'가 필요하지 않으십니까?

일의 결국을 다 들었으니 하나님을 경외하고 그의 명령들을 지킬지어다
이것이 모든 사람의 본분이니라 _전 12:13

그런 그를 아무도 함부로 할 수 없었다.

1980년대, 살아가는 일상을 필름에 담는 일명 '로드무비'(road movie) 감독 중 한 명이었던, 짐 자무시 감독이 만든 영화 '패터슨'이 있습니다. 영화의 주인공 이름도 패터슨이고, 그가 사는 도시 이름도 패터슨입니다. 그의 직업은 버스 운전사입니다. 그의 삶은 반복의 연속으로, 똑같은 시간에 일어나고, 출근하여 똑같은 코스를 운전하고, 퇴근하면 개를 산책시키고 아내와 이런 저런 대화를 합니다. 첫날과 같은 둘째 날이 반복되고 셋째 날이 반복됩니다.

이 즈음에 관객은 알아차립니다. 이 영화가 아무런 사건 없이 이대로 반복하다가 끝날 것임을. 그때부터 똑같아 보이던 일상에 미세한 차이가 보이기 시작합니다. 같은 시각의 기상이지만 조금씩 다르고, 같은 버스 노선이지만 승객의 표정이 다릅니다. 아내와의 대화도, 퇴근 후 주변 풍경도 전 날과 다릅니다. 그리고 패터슨은 그 속에서 틈틈이 시를 씁니다. 영화가 끝날 무렵, 관객들은 지루하게 느껴졌던 일상의 평범함이 얼마나 소중한지를 깨닫게 됩니다.

요사이 우리는 어느 때보다 일상을 잃어버린 시간을 보내고 있습니다. 두려움과 불안은 평범한 하루를 송두리 체 빼앗아가고 있습니다. 그런데 가만히 보면, 우리 자신이 이러한 분위기를 확산시키는데 일조하고 있다는 생각을 지울 수 없습니다. 좁은 땅에서 시시비비를 가리는 것에 익숙한 삶이 끝임없는 뉴스의 텃밭이 되어, 스스로를 옥죄는 너무 성급한 판단을 하면서 살고 있는 것은 아닌지 말입니다.

Youtube의 올라오는 기사는 물론, 목회자들의 메세지 마저도 심히 자극적이고 충동적입니다. 사람을 아군과 적군으로 나누는 정치적 틀을 바탕으로, 요즘 코로나바이러스도 성경에 나온 역병으로 간주하여 이것을 '하나님의 심판'으로, 그래서 이것이 공산주의 땅인 중국에 임하였고 지금 우리나라와 현 정권에도 하나님의 심판이 임하였다는 논리입니다. 종교는 상식 안에 갇혀있지 않지만, 상식을 저버릴 때는 백성들에게서 외면당합니다.

'하나님의 심판'과 '하나님의 마음'은 다릅니다. 교회는 시대를 향한 선지자적 사명이 있지만, 그것보다 먼저 해야 할 것은 어려움에 처한 백성들과 같이 아파하고 그들의 마음을 만져주는 일입니다. 큰 형님처럼 함께 있어주고 넉넉히 지켜봐 주는 아량이 필요합니다. 이데올로기 싸움에서 시작된 [O X 논리]는 사회적 현상을 바라보는 데서도 양극화를 부릅니다. 어려운 때일수록, 하나님의 마음을 좀 더 깊이 묵상하는 교회가 되어야 합니다.

지난주일 나누었던 '하나님의 임재연습'의 로렌스 형제에 대한 글입니다. "그는 위급하게 보이는 때에도 늘 평온했다. 그것은 경이로운 일상의 거룩이었다, 그는 모든 일상이 하나님을 만나는 모든 통로라고 믿었다. 그는 어느 때이든 하나님 곁에 가까이 머물며 그분을 끝까지 신뢰했다. 삶의 자리는 쉽지 않았지만, 그는 언제나 기쁨과 평화로 충만해 있었다. 문제는 곧 해결되었고, 그런 그를 아무도 함부로 할 수 없었다."

과도한 불안으로 영혼까지 위축되지 마시고 묵묵히 일상의 삶을 사셨으면 합니다. 그리고 하루에 세 번 기도하면서, 그렇게 하나님 곁에 머무르시기 바랍니다. (2020. 2.16)

나의 묵상

▌나는 무엇에 자주 흔들리는 편입니까?

그리스도 예수 안에 있는 속량으로 말미암아
하나님의 은혜로 값 없이 의롭다 하심을 얻은 자 되었느니라 _롬 3:24

구겨진 종이가
멀리 날아간다.

한 참 전이지만, 오늘 칼럼의 제목 같은 광고 카피가 떴던 적이 있습니다. '구겨진 종이가 멀리 날아간다.'... 그리고 이내 드라마의 한 대사에도 인용되기도 했습니다. 문득 이번 한 주간을 보내면서 이 말이 머리 속에 계속 맴돌았던 것은 한 형제님이 보낸 메시지 때문이었습니다. 근간의 두 주 동안, 주일강단을 통해 일상의 삶과 거룩에 대한 말씀을 나누고, 평범한 일상이 얼마나 소중한지를 또 요즘 어려운 때에 하루에 세 번, 생활에서 주님을 인식하고 기도하자고 하지 않았습니까?

그런데 이분이 여기에 은혜를 받은 것 같습니다. 그냥 가장으로서 매일매일을 살아내야 하고 또 그냥 하루가 가나 보다 했는데, 좀 더 삶 속에서 말씀하시는 주님의 세미한 음성을 들어야 함을 깨달았다고 나누어 주었습니다. 그런데 그 다음 문장이 너무도 아프게 다가왔습니다. "목사님, 근데 왜 저희 가족들에겐 고난과 아픔이 끊이지를 않을까요? 언제쯤 저희도 다른 분들처럼 일상의 평화를 누릴 수 있을까요? 정말 그런 날이 올까요?"

정말 그렇습니다. 가만 보면 우리가 생각하는 최소한의 평안이나 기쁨조차 누리지 못하고 살아가는 교우님들이 적지 않습니다. 병원에 가보면 왜 이리 아픈 사람이 많고, 게다가 암병동에는 젊은 사람들과 아이들까지도 왜 이렇게 많은지. 자녀가 자폐증 장애를 갖고 있는 부모로 부터 그 고통을 겪는 가족까지 100만 명이 넘는다니 그들의 삶이 눈에 선합니다. 가까운 서초 법원에만 가도 얼마나 많은 사람들이 살면서 겪는 일로 심한 가슴앓이를 하고 있는지를.... 어렵지 않게 보게 됩니다.

그러나 분명 살다보면, 또 살아내다 보면.... 그 가운데서도 분명 주님 주시는 은총의 날이 올 것을 믿기에. 아니 이 땅의 삶이 아무리 크게 다가오고 힘이 들어도, 이 땅은 영원한 땅이 아님을 우리는 알기에. 아니 분명 이 고난과 아픔들 뒤에는 그분의 계획하심이 있음을 믿기에. 그리고 우리 모두는 흔들리면서 꽃을 피워내는 존재임을 알기에, 함께 기도해 드리고 '구겨진 종이가 멀리 날아갑니다.'라는 메시지를 보내어 드렸습니다.

무엇보다 요즘 코로나19로 인해 얼마나 힘드신지요? 확진자가 늘어나면서 더 그러하시리라 생각합니다. 기도하기는 그 어느 때 보다도 하나님의 마음을 묵상하고 더불어 고통당하는 나라와 사람들을 위해 기도하며 주변에 있는 사람들의 마음을 만져줘야 할 때인 듯 싶습니다. 또한 동시에 정부와 공공기관, 의료인들의 지시와 권면을 따라 우리가 조심해야 할 부분에 대해서 마음을 모아야 할 것입니다.

그래서 교회적으로도 다가오는 행사들에 대해서 잠정적으로 연기하기로 결정했습니다. 다음 주부터 시작되는 [2기 제자훈련]과 매주 화요일의 [이슬비 전도대] 그리고 3월6일부터의 [봄철 영성부흥회]가 해당될 것입니다. 여러분들의 양해와 기도를 부탁드립니다. 지금으로선 건강과 예방에 한 마음이 되어, 속히 어려움에서 나오는 것이 가장 중요하기 때문입니다. 그리고 하루에 세 번(오전9시, 오후3시, 저녁9시) 기도, 이번 주간도 잊지 마시고 함께 동참해 주십시오. 저도 기도할 때마다 여러분들을 기억하고 기도하고 있습니다.(2020. 2.23)

나의 묵상

▌나는 고난이 올때 어떻게 반응합니까?

내가 산을 향하여 눈을 들리라 나의 도움이 어디서 올까
나의 도움은 천지를 지으신 여호와에게서로다 _시 121:1-2

재의 수요일을 시작하며
드리는 기도

아버지, 요즘 저희는 코로나19의 갑작스런 확산으로 인해 큰 고통과 두려움, 탄식 가운데 있습니다. 무엇보다 연일 늘어나는 확진자 소식은 남은 일상마저도 힘들게 하고 있으며, 나라적으로도 재난적 상황에 와 있고, 교회적으로도 모든 주중 예배와 모임이 중단되고 있습니다.

이 시간 간절히 기도드립니다. 이 땅을, 이 백성을 긍휼이 여겨 주소서. 그저 주님 앞에 옷깃을 여미며 나아갑니다. 먼저, 주님 앞에 바로 살지 못했던 우리의 죄를 깨닫고 회개합니다. 아버지의 창조섭리를 거슬려 생태계를 파괴하며 우리의 욕심을 따라 살아왔음을 고백합니다.

바이러스보다 더 이기적인 삶, 음란과 탐욕, 죄 짓는 일에 감염되어 살았음을, 땅의 풍요로 인해 주님을 잊고 살았음을, 바벨탑의 교만으로 하나님을 대적했음을 고백합니다. 애굽의 바로와도 같은 완고한 고집으로 주님의 마음을 잃은 체 반목하며 살았음을 용서하여 주옵소서.

아버지, 지난 수요일은 사순절이 시작되는 '재(Ash)의 수요일'이었습니다. 진정 저희는 재와도 같이, 흙에서 와서 다시 흙으로 돌아가는 존재임을 보게 됩니다. 이 자연의 경고 앞에 우리는 너무도 작고 연약한 존재임을 다시금 깨닫습니다. 주님, 우리를 불쌍히 여겨 주옵소서.

간절히 기도하기는 온 나라들과 백성들을 주의 보혈로 덮어주옵소서. 코로나19로 확진되어 공포와 두려움 속에 있는 이들에게 치유의 은혜를 베풀어 주옵소서. 부족한 병상과 의약품이 채워지고 현장에 있는 방역자들과 의료진들, 자원봉사자들을 위로하시고 새 힘을 주옵소서.

또한 이 어려운 때에 경제적 어려움을 겪는 이들에게 살 길을 열어주시고, 서로 마음을 열고 이 어려움을 이겨 나가게 하옵소서. 요양원이나 병상에 계신 연로한 부모님들을 지켜주시고, 다음 주부터 학교에 등교하게 될 우리 아이들을 보호해 주옵소서. 각 가정을 붙들어 주옵소서.

무엇보다 이번 사태로 드러난 이단 신천지가 더 이상 가정을 파괴하고 사회를 어지럽히는 참담한 일이 일어나지 않게 하옵소서. 미혹당한 자녀들과 신도들이 다시 돌아오게 하소서. 우리도 이웃을 향한 주님의 사명을 잘 감당하게 하시어, 세상에 부끄럽지 않은 참 교회되게 하옵소서.

우리교회도 모이지 못하는 현실적인 어려움 속에서, 더욱 삶의 예배와 기도가 세워지고 회복되는 기회가 되게 하옵소서. 거룩한 성도의 교제가 삶의 현장에서 일어나게 하셔서, 서로 중보하고 돌보게 하옵소서. 온라인

예배를 통해 더욱 세미한 주님의 음성에 귀 기울이게 하옵소서.

이 아픔을 통해 더욱 주님만 의지하게 하시고, 속히 예배와 모임이 회복되어 일상의 예배와 기쁨이 부활되게 하소서. 이번 사순절, 십자가의 은총과 부활의 영광이 온 백성에 임하게 하소서... 우리 주 예수님의 이름 받들어 기도드립니다. 아멘. (2020. 3.1)

예수께서 이르시되 손에 쟁기를 잡고 뒤를 돌아보는 자는
하나님의 나라에 합당하지 아니하니라 하시니라 _ 눅 9:62

함께하면
극복할 수 있습니다.

먼저, 온라인으로 예배드리는 안타까움 속에서도 함께 마음을 모아주시고 기도해 주신 교우님들께 감사의 마음을 전합니다. 저 역시 '마주봄의 부재 상황'이 얼마나 당황스럽고, 주일예배까지 모이지 못하는 것을 받아들이기가 얼마나 힘이 들던지, 그 영적 안타까움이 온 몸에 전달되어 며칠을 앓을 정도였습니다. 무엇보다 지난주일, 온라인 예배가 끝난 후, 우리교우들이 과연 어떻게 예배를 드렸을까 하는 담임목사로서의 걱정이 컸던 시간들이었습니다.

그런데 그런 가운데 들려오는 성도님들의 의연함과 주님과 교회를 향한 사랑은 저에겐 말할 수 없는 큰 힘과 격려가 되었습니다. 물론 예배답지 않고, 어떻게 해야 할지 당황스럽고, 이런 상태가 얼마나 더 가야하는지에 대한 염려가 왜 없으셨겠습니까? 그렇지만 이런 상황에서 가정에서의 온라인 예배를 결정한 것에 대해 의견을 모아주시고, 이런 때일수록 우리의 믿음을 돌아보고, 교회와 교우들을 위해 중보기도 하겠다는 마음들을 보내주셨던 것입니다.

141

저는 이것이 우리교회의 저력이라고 믿습니다. 어려운 상황이지만, 지금의 '만남의 부재'와 '예배에 대한 안타까움'이 훗날 오히려 이 또한 감사한 시간이었다고 고백되길 간절히 기도드립니다. 또한 이런 가운데 함께 금식 기도에 동참해 주시는 교우 여러분께 감사를 드립니다. 하늘 문이 닫히는 국가적인 재난 앞에서, 우리가 먼저 자신을 돌아보고 하나님의 얼굴을 구하는 진정한 회개의 기도는 분명 이 땅에 회복과 치유를 가져오기 때문입니다.

그리고 한 가지, 이러한 기도와 더불어 우리가 마음을 모아야 할 또 한 가지가 있습니다. 바로 '내 백성을 위로하라'(사40:1)는 하나님의 명령대로, 나라와 이웃의 고난에 함께 동참하는 것입니다. 아시는대로 대구 경북 지역은 물론 온 나라가 어렵습니다. 정부가 추경예산을 세웠다고 해도, 우리가 마땅히 해야 할 일이기 때문입니다. 돕고 싶지만 혼자 하려면 어떻게 해야 할지 막연하지만, 공동체적으로 함께 하면 통로가 생기고 힘이 될 것입니다.

'한끼 금식'의 마음, '커피 한잔'의 마음을 또 성령께서 감동주시는 대로 마음을 모아주십시오. 교회적으로도 긴축하여 마음을 모아보겠습니다. 사실 한 달 전부터 교회에 나오지 못하는 분들이 늘어나고 이제 주일예배까지 온라인으로 대체되어 이 상황이 언제까지일지 모르는 가운데, 여러 교우들께서 헌금에 대한 염려를 하십니다. 왜 그렇지 않겠습니까? 그러나 우리 교우님들의 주님 사랑, 교회 사랑을 알기에 이 역시 주님께 온전히 맡기기로 했습니다.

지금은 어느 때보다도 주님의 은혜를 더 바라보면서 더 보듬어 주고 더 마음을 나누고 더 맡겨야 합니다. 위기는 분명 기회가 될 것입니다. 그리고 주님께로 더 가까이 가는 시간이 될 것입니다. 사도바울이 로마로 가는 가운데 유라굴로 태풍 앞에서 외쳤던 고백이 우리에게 필요한 때입니다. "여러분, 힘을 내십시오. 우리는 결코 망하지 않습니다. 하나님께서 우리에게 말씀하신 그대로 될 것입니다!"... 그렇습니다. 함께 하면 분명 극복할 수 있습니다. (2020. 3.8)

나의 묵상

▌지금 나의 기도를 필요로 하는 사람은 누구입니까?

그런즉 누구든지 그리스도 안에 있으면 새로운 피조물이라
이전 것은 지나갔으니 보라 새 것이 되었도다 _ 고후 5:17

불편한 진실이
약이 되도록

아시는 대로, 이번 코로나19 바이러스로 인해 '신천지'의 비사회적이고 폐쇄적인 또 정치적인 행적들까지 계속 드러나면서 연일 충격을 주고 있습니다. 그러나 마음이 편치 않은 것은, 신천지가 이미 오래 전에 이단으로 규정되어 있었음에도, 이런 집단의 기생과 숙주 과정에서 한국교회의 책임이 없다 할 수 없기 때문일 것입니다.

그래서 이번 기회를 분명한 반면교사의 실례로 삼아야 합니다. 그것은 신천지의 해체에 대한 청와대 청원이 백 만이 넘었다 하더라도, 실제로 이런 사이비 집단에 대한 결정과 판단을 한국교회 스스로가 하고 끝날 문제가 아니기 때문입니다. 역사적으로도, 어떤 종교가 정통이냐 사이비냐에 대한 결정은 무엇보다 먼저 그들이 삶에서 보여 주었던 '사회에 대한 책임과 도덕적 행위'에서 기인했음을 보게 됩니다.

주후 2세기부터 4세기 초까지의 당시 로마제국에서, 이단으로 명명되었던 '크리스토스'(Christos)라는 집단이 국가가 공인하는 종교가 된 것은,

144

당시 초대교회 그리스도인들의 삶의 가치와 모습 때문이었던 것입니다. 우리나라 선교 초창기, 선배 그리스도인들이 보여주었던 모습도 마찬가지였습니다. 그들의 수는 적고 미약했지만, 우리나라 교회 역사상 가장 영향력 있는 시대였음을 아무도 부인하지 않습니다.

이번 신천지의 드러남이 감사하면서도, 여전히 우리의 마음이 편치 못한 이유가 여기 있습니다. 그래서 이에 대한 우리의 반성이 있어야 한다면, 무엇보다 먼저 이번 기회를 '교회적 성숙'의 가장 큰 변곡점으로 삼아야 한다는 것입니다. 이것이 없이는, 이런 큰 일이 있을 때 마다 그 후폭풍은 고스란히 기존교회의 몫이 될 수 있습니다. 국가적 재난 앞에서 백성들과 함께 하는 유연함과 포용력은 그 동안의 잘못(?)을 만회할 수 있는 기회인 것입니다.

두 번째는 '교육적 목회'에로의 전환입니다. 이번 사태는 그 동안 한국교회의 '선포 중심'의 목회를 '교육 중심'의 목회로의 변화를 요구하고 있습니다. 교우들이 삶의 자리에서 스스로 묵상하고 스스로 예배하는 힘을 길러줘야 합니다. 목회자가 잡은 고기를 보여주고 나를 따르라 할 것이 아니라, 교우들에게 어떻게 고기를 잡는지를 가르쳐 주어야 합니다. 이단에로의 미혹은 믿음이 약하기 때문이 아닌, '교육의 부재'에서 오는 결과이기 때문입니다.

'교육'은 이단들이 사용한 '세뇌'와는 근본적으로 구별됩니다. '모이는 교회에서 배우는 교회'로, '숫자 중심에서 순도 중심'으로. 그런데 이 교육적 목회에 대한 불안과 염려는 시간이 오래 걸린다는 것입니다. 한 명이 아쉬운 교회적 현실과 성장에 대한 욕구들이 목회자들을 힘들게 할 것입니다. 그러나 바뀌지 않으면 앞으로 계속 등장할 또 다른 신천지를 이길 힘이 없음입니다. 이 교육적 토양 위에서 우리 자녀들을 위한 교육도 가능한 것입니다.

신천지의 불편한 진실들이 속속 드러나고 있고 또 그들의 행태에 연일 놀라고 있지만, 이로 인해 우리의 현주소를 다시 볼 수 있어 다행스럽습니다. 잠시 방학(?)중이지만, 목회실에서도 이를 위해 잘 준비해 보겠습니다. 이번 한 주간도 일상의 예배가 회복되시기를 기도드립니다. (2020. 3.15)

나의 묵상

▌나는 어떤 이단이나 잘못된 정보에 흔들리지 않는 중심이 있습니까?

원수를 갚지 말며 동포를 원망하지 말며 네 이웃 사랑하기를
네 자신과 같이 사랑하라 나는 여호와이니라 _ 레 19:18

어려운 때일수록 루틴 (routine)의 힘을

한 주간도 잘 지내셨는지요? 많이 힘드시겠지만, 국가적으로도 이번 한 주간까지 공적 모임에 대해 자제할 것을 간절히 당부하고 있으니, 함께 마음을 모아 잘 이겨나갔으면 하는 마음 간절합니다. 엊그제 인도의 수상은 국민 담화문에서 '21일 못 참으면 21년 후퇴'라며 눈물의 호소를 할 정도이니, 좀 더 참으면서 서로를 격려하는 마음이 필요한 때입니다.

지난 주 중에 사무실에 잠깐 들르셨다가 로비에서 우연히 뵌 교우님들을 뵙고, 목회실을 통해 교우 분들의 마음들을 전해 들으면서, 또 연로하신 권사님들의 전화와 사랑의 손편지를 읽으면서, 참 많이 격려가 되고 힘이 되었습니다. 그래서 또 한 주간을 버틸 용기를 얻습니다. 일상의 삶이 많이 버거우시겠지만, 좀 더 인내하며 힘을 내시길 기도드립니다.

오늘은 근간에 나온 책 하나를 소개해 드리고 싶습니다. 《루틴의 힘》으로, 세계적인 아웃라이어 20인의 '일상(routine)의 철학'을 한데 모은 책입니다. 즉, 루틴은 '흔들리지 않고 끝까지 계속하게 만드는 힘'이 있어서

"때로 삶이 힘들어도 다시 시작하게 해 주고, 어려움이 와도 좋은 생각을 하게 해 주기에, 어떤 루틴을 갖느냐에 따라 인생의 질이 달라질 수 있다"고 얘기합니다.

그런데 이 '루틴의 힘'이라는 용어가 우리에게는 낯설지 않습니다. 그것은 이미 예수님께서 이 땅에서 보여주신 '일상의 영성' 때문입니다. 그분은 우리와 똑같이, 땅에서 오늘을 사셨습니다. 참으로 지혜롭고 적절하게 사셨습니다. 그리고 당신에게 주어진 '길'(road)을 걸어가셨습니다. 이것을 바울은 '십자가의 길' 즉 '십자가의 도(道)'라고 했던 것입니다.

아시는 대로, '길'은 '길들이다'에서 나온 단어로, 내가 얼마나 자주 밟느냐에 따라 그것이 '길', 즉, 루틴이 만들어집니다. 그리고 그 길이 어떤 것이냐에 따라 멸망의 길과 생명의 길로 나뉘어집니다. 성경은 이 일상의 영성에 대해 이렇게 말씀합니다. "육체의 연습은 약간의 유익이 있으나 경건은 범사에 유익하니 금생과 내생에 약속이 있느니라"(딤전4:8)

이번 주간에 국민들에게 충격을 주었던 조주빈 이라는 25살 청년이 만든 음란사이트 '박사방'을 보십시오. 그가 기자들을 만나 처음 했던 말은 "악마의 삶을 멈추게 해 주어서 감사하다"였습니다. 이것은 잘못된 루틴의 힘이 보여주는 가장 비참한 모습입니다. 그 사이트에 등록하여 날마다 루틴의 길을 걸은 수십만 명의 사람들도 크게 다르지 않습니다.

바로 여기에 묵상의 중요함과 필요성을 간절히 깨닫게 됩니다. 왜 묵상이 왜 중요하고, 왜 묵상이 우리 삶에 루틴이 되어야 할까요? 묵상의 힘은 '생각의 힘', 즉, '영혼의 힘'이기 때문입니다. 지금처럼 일상이 무너진 때에, 오히려 일상의 영성을 기르는 것입니다. 말씀묵상을 여러분의 루틴으로, 매일 마다 조금씩 그러나 꾸준히 '길'을 만들어 보십시오.

세상이 흉용하고 힘이 들어도, 아름다운 묵상의 화원을 만들어 나가는 것입니다. 이것이 구원받은 자의 모습이요 특권입니다. 3월 한 달, 여러분 잘 견디셨습니다. 축복하고 사랑합니다. (2020. 3.29)

나의 묵상

▌나는 지금 무엇을 묵상하고 있습니까?

너희가 성경에서 영생을 얻는 줄 생각하고 성경을 연구하거니와
이 성경이 곧 내게 대하여 증언하는 것이니라 _ 요 5:39

부활의 은총이 함께 하시길

　먼저, 사랑하는 교우 여러분들께 부활의 은총이 함께 하시길 기도드립니다. 지난 한 주간 십자가의 은혜가 이제 부활로 드러나기시기를 축복합니다. 오늘이 이렇게 부활주일이다 보니 더 더욱이 여러분들이 그립고 보고 싶습니다. 오늘 예배는 함께 모일 수 있지 않을까 하는 기대와 마음이 있어서 더 그러했던 것 같습니다. 그러나 아직 이 시점은 우리 모두가 함께 하는 모습보다 조금만 더 인내하는 마음이 필요한 때 인 듯 싶습니다.

　특별히 온 나라가 수도권의 확산과 집단감염에 대해 마음을 쏟고, 아이들도 온라인 수업으로 대치할 정도로 [사회적 거리두기]를 호소하면서 이겨보고자 하는데, 오늘이 부활절이니 또 다른 교회는 모이는데 하는 마음보다는, 우리는 우리가 지금까지 해 온 의연한 모습으로 좀 더 소망 가운데 기다리는 것이 옳다는 생각에 이르게 되었습니다. 무엇보다 지금의 상황은 결코 안심할 단계가 아닙니다. 미국에 이어 일본이 심각해지고 있으며, 이제 해외에 있는 동포들과 유학생들이 계속 들어오고 있는 상황에, 이번 주는 선거까지 있기에 더욱 그렇습니다.

그러나 한편 사실 이번 과정을 지켜보면서 놀라고 감사한 것 중의 하나는 우리나라 국민들의 수준이 이렇게 높아졌구나 라는 것입니다. 우리 국민들의 위기대처와 공동체의식에 대해 온 세계가 부러워 할 정도입니다. 이것은 우리교회도 마찬가지여서 정말 감사한 마음을 갖게 됩니다.

반면 일부라고 믿고 싶지만, 이번 코로나 사태는 정치인들과 목회자들의 수준은 그러하지 못함을 여실히 보여주었습니다. 결국 전문인들의 의견을 무시한 정치인들의 행보가 이번 코로나의 확산에 결정적 영향을 줄 수 있음을 또 아직도 과학과 이성의 보편적 상식을 무시하는 목회자들의 미성숙한 태도는 오히려 교우들의 민도에 미치지 못하는 것 같아 많이 부끄러웠습니다. 그러나 이번 계기가 분명 새로운 변곡점이 되리라 생각합니다.

힘들어도 예배를 드리겠다는 교회도, 한 동안만 자제해 달라는 정부도 이해는 갑니다. 이런 상황이 다 처음이고 몹시 당황스럽기 때문입니다. 그러나 그렇다고 해서 이것을 '종교탄압'으로 얘기해서도 안 될 것이고, 정부도 전국 5만 6천개 교회들의 입장이 다 다르다는 점을 이해했으면 합니다. 다만 한 가지, 이런 한 때 교회가 좀 더 어른스러우면 좋겠다는 생각은 듭니다. 누구말대로 교회는 2,000살이고 정부는 일흔 살이니까.

감사한 것은 우리지역의 단체들이 우리교회에게 고마움을 표하고 있습니다. 꼭 그분들에게 그런 말 들으려고 우리가 모임을 자제하였던 것은 아니지만, 저는 우리교회가 산 위에 교회가 아니라 산 아래에서 함께 공존하는 '지역교회'라는 것을 잊지 않았으면 합니다. 우리교회는 지역의 어려움에 함께 동참하고 그 지역 주민들을 섬겨야 할 의무가 있기 때문입니다.

사람들은 모르는 것 같지만, 다 압니다. 어려울수록 함께 가는 모습을 보여줘야 합니다. 그래야 교회가 성전에서 모이든 그렇지 않든 국민들에게 존중 받고, 그들의 영혼을 맡을 수 있습니다. 몇 주 빨리 모이는 것 보다 이 것이 더 중요하기에, 여러분들의 양해와 기도를 부탁드립니다. 오늘 생각 지 않은 은혜가 각 가정위에 임할 것을 기대하고 기도드립니다. 또 오늘 예 배 가운데 영상으로 성찬식이 있습니다. 각 가정에서 떡과 포도주를 준비 해 주십시오. 주님은 그곳에서 여러분과 함께 하십니다. 사랑하고 축복합 니다.(2020. 4.12).

나의 묵상

▌나와 우리교회의 영적 수준은 어떠합니까?

토지를 영구히 팔지 말 것은 토지는 다 내 것임이니라
너희는 거류민이요 동거하는 자로서 나와 함께 있느니라 _ 레 25:23

대마불패'와 '복기'의
마음으로

어렸을 적 아버지에 대한 기억이 있는데 집에 찾아오신 친구들과 늘 바둑을 두시던 생각이 납니다. 워낙 바둑을 좋아하셨고, 이러한 바둑 사랑은 장남인 형에게로 그대로 내려가 형은 대학교 때 이미 아마 초단의 실력까지 갖추게 되었습니다. 저에게는 정식으로 입문할 기회는 찾아오지 않았지만, 아버지와 형을 통해 눈동냥은 조금 하게 되었습니다. 그리고 이후 지금까지의 바둑을 통해 배운 두 단어가 있다면, 그것은 '대마'(大馬)와 '복기'(復棋) 였습니다.

'대마'(大馬)란 바둑에서 '큰 집'을 의미하며, 여기서 나온 말이 '대마불사'(大馬不死)인데, '대마는 쉽사리 죽지 않는다.'는 뜻입니다. 즉, 눈앞에 보이는 작은 집 만드는 데 마음을 뺏기면 잠시는 기쁨이 오겠지만, 크게 보면서 전체적인 대마를 만들어 가면 결국에는 이기게 된다는 것입니다. 또한 '복기'(復棋)란 말은 경기 후에 자기가 둔 바둑을 처음부터 다시 두어 보는 것입니다. 이 복기가 얼마나 중요한지 "승리한 대국의 복기는 이기는 습관을 만들어주고, 패배한 대국의 복기는 이기는 준비를 만들어준다."는 말이 있을 정도입니다. 즉, '크게 보고' '다시 생각하는 것'입니다.

지난 한 주간도 평안하셨는지요? 또 선거도 잘 하셨는지요?... 선거는 때로 기대와는 다를 수도 있고 또 누가 이기고 지고의 문제보다는 더 성숙한 사회에로의 진전이라는 거시적 차원에서 봐야지만, 그 후유증을 최소화하고 정치인과 국민 모두가 본연의 임무와 삶으로 돌아갈 수 있을 것입니다. 무엇보다 우리는 이 같은 과정을 통해 이념이나 세대, 지역적 분파가 아닌, 그럼에도 하나 되는 마음과 극단적 평가보다는 배려와 관용의 마음 그리고 영적으로는 우리나라 민족의 참 주인이 오직 주님이심을 잊지 않는 마음과 기도 또한 중요할 것입니다.

여전히 전 세계가 코로나로 인해 고통당하고 그 정도가 더 심화되는 것을 보면서 인간의 문명과 과학이 참으로 모래성 같음을, 또한 선진국가들이 보여주고 있는 국민의식을 통해 결국 맘몬주의와 이기적인 삶이 가지고 있는 한계를 보게 됩니다. 물론 이 과정을 통해 과학은 다시 업그레이드가 될 것이고 나라들도 회복의 정점을 치겠지만, 그 동안 인류가 자행해 왔던 파괴와 탐욕의 결과가 얼마나 무서운지를 분명하게 깨닫는 영적 복기가 일어나야 함입니다.

이런 면에서 코로나는 분명 여러 가지 화두를 던져주었습니다. 물론 여기에는 좋은 점도 있고 그렇지 못한 점도 있을 것입니다. 늘 혼만 나면 기가 죽어 살기 마련인데, 이것을 나라적으로는 '국가적 열등감'이라고 부릅니다. 우리나라는 더 이상 그런 단계가 아님을 이번 상황의 대처 과정을 통해 분명하게 보여주었습니다. 우리교회 역시도 마찬가지입니다. 저는 만나는 사람들마다 우리교회와 교우들 자랑을 합니다. 이번에 여러분들이 보여주신 성숙함과 인내함은 참으로 거시적이었고 지역교회로서의 좋은 모델이었습니다.

아시다시피, 오늘까지의 [사회적 거리]에 대한 정부의 시책이 조심스러운 [안정적 사회적 거리]로 풀어가고 있음을 보게 됩니다. 섣부르게 맘을 놓았다고 역공을 당한 예들이 있어 그러할 것입니다. 그래서 우리교회는 예정대로 오늘까지의 주일예배를 온라인 가정예배로 드리고, 이제 내일부터의 새벽기도 모임과 주중예배를 부분적으로 또 방역지침을 따라 시작하도록 하겠습니다. 이제 서서히 조금씩 기지개를 펴 보겠습니다. 온전한 회복까지는 좀 시간이 걸리겠지만, 천천히 하나씩 마음을 모아보면 좋겠습니다. 자세한 내용은 전체 공지를 통해 알려드리도록 하겠습니다. 이번 한 주간도 승리하시길 기도드립니다.(2020. 4. 19)

나의 묵상

▎나는 평소에 크고 넓게 그리고 위에서 보고 있습니까?

너는 이스라엘 자손의 온 회중에게 말하여 이르라 너희는 거룩하라
이는 나 여호와 너희 하나님이 거룩함이니라 _ 레 19:2

생전에 우리가
또 다시 모였네

　이제 드디어 '함께' 주일예배를 드리게 되었네요. 그 동안 정말 수고 많으셨습니다. 잘 참으셨고 잘 견디셨습니다. 다들 건강하신 것 하나만으로도 감사를 드립니다. 아시는 대로 이번 코로나로 인해 적지 않은 분들이 확진되어 고통을 겪으셨고 또한 생사를 달리 하신 분들도 있었기에 이렇게 여러분들을 뵙는 것 하나만으로도 감사할 뿐입니다.

　그래서 더 생각나는 찬송이 하나 있습니다. '생전에 우리가' 라는 찬송입니다. 작년 대강절기 때에 입례송으로 부르기도 했는데, 19세기 초 미국의 서부개척 시대 때에 그 힘든 시간들을 통과했던 목회자들과 성도들이 매년 열리는 연회에서 첫 찬송으로 불렀던 곡입니다. 얼마나 감격이 되었겠습니까? 살아있어 서로 얼굴을 볼 수 있는 것 자체가, 무엇보다 '함께' 예배드릴 수 있는 것이 너무 감사했던 것입니다. 그 찬양은 이렇게 시작됩니다.

　"생전에 우리가 또 다시 모였네 예수의 보호하심을 다 찬송하리라"

(And are we yet a-live, And see each oth-er's face? Glo-ry and praise to Je-sus give For His re-deem-ing grace)

　그리고 오늘 좋은 일이 또 하나 있습니다. 지난 두 달 동안, 이번 코로나를 잘 뚫고 오신 여러분들을 축복하고 격려하는 차원에서 선물을 하나 준비했습니다. 작년 한 해 동안 '함께' 나누었던 설교가 모아진 신간 책인 [아름다운 교회, 행복한 동행]입니다. 사실 이번 책은 코로나19의 시간 동안 만들어졌다 해도 과언이 아닙니다. 주일은 물론 병원에 계신 교우님들조차 만날 수 없는 시간이었지만, 원고를 다듬으면서 더 많이 그리워 할 수 있었고 더 깊이 중보 할 수 있었습니다. 그리고 오늘을 기다릴 수 있었습니다.

　담임목사로서 무엇으로 여러분들을 격려하면 좋을까 했는데, 이렇게 책의 출간 시간이 잘 맞아져서 더 없이 감사한 마음입니다. 또 전도용이나 선물용으로 구입하실 분도 공장가 가격으로 구입하실 수 있도록 하였습니다. 좋은 것을 사랑하는 사람들과 나눌 수 있다는 것은 큰 기쁨입니다. 여러분들이 기뻐하실 것을 생각하니 벌써부터 배가 부릅니다. 바라기는 주변의 좋은 분들에게도 많이 나누시면 좋을 듯 싶습니다.

　책에 나온 설교 [겨울은 봄을 이길 수 없습니다]의 한 부분을 인용하면서 감사의 마음을 마치고자 합니다…. "그렇게 추워 꽁꽁 얼어붙었는데 하늘이 열려 햇빛이 비추니, 눈은 사라지고 얼음도 녹고 인생은 다시 따뜻해집니다. 그렇습니다. 냉철함이나 논리로는, 누가 그르냐의 논쟁으론 겨울을 이길 수 없습니다. 때때로 우리의 마음이 얼음처럼 얼어붙어 차가워질 때, 우리를 향해 베푸신 주님의 그 따뜻한 마음을 기억해 보십시오.

교회는, 가정은, 이 마음이 아니면 결코 해결 될 수 없는 독특한 곳입니다. 이해해 주시고 용서해 주시며 품어주시는 주님의 마음, 바로 공감의 마음을 갖는 것입니다. 무엇보다 우리가 같은 길 위에 있음을 잊지 마십시오. 우리는 우리에게 주어진 길을 끝까지 잘 완주해 나갈 것입니다. 그러므로 사랑하는 여러분, 두려워하지 마십시오. 놀라지 마십시오. 포기하지 마십시오. 우리 주님이 우리와 함께 하십니다. 설령 아무리 겨울이 긴 것 같아도, 겨울은 봄을 이길 수 없기 때문입니다... 봄이 오고 있습니다. 아니, 봄 입니다." (2020. 4.26)

나의 묵상

▌무엇이 나로 견디고 소망하게 합니까?

인자가 온 것은 섬김을 받으려 함이 아니라 도리어 섬기려 하고
자기 목숨을 많은 사람의 대속물로 주려 함이니라 _막 10:45

무엇이 사람을
행복하게 하는가?

　어느 정도 됐다 싶었는데, 다시 고개를 들고 일어난 이태원 확진자로 인해 적지 않은 실망과 안타까운 마음이 교차하는 한 주간 이었던 것 같습니다. 그나마 개인적인 정보를 묻지 않는 조건 아래, 상당수의 사람들이 검사에 임하고 있어 다행스런 마음을 갖게 되지만, 바라기는 여전히 검사에 응하지 않고 연락조차 되지 않는 분들도 꼭 광명(?)을 찾았으면 합니다.

　포스트 코로나에 대한 부분들이 많이 회자되고 있는 가운데, 하나님의 진리와 창조질서에 대한 부분은 아무리 가리려고 해도 감추어 질 수 없다는 것을 다시 한 번 깨닫게 됩니다. 가장 큰 고비를 맞이하였던 때에 드러났던 신천지의 은폐도 그러했고, 이번 두 번째 위기의 주범인 성소수자들과 비정상적인 모임에 참석한 자들의 침묵 역시 같은 행보를 보여주고 있음입니다. 굳이 종교나 인권의 자유를 논하기 전에, 잘못된 믿음과 병든 관계는 결국 삶의 모습으로 나타나는 것입니다.

　1938년, 하버드대학에서 당시 하버드 대학생 724명을 대상으로 시작한 [하버드 그랜트 스터디]라는 이름의 실험이 있었습니다. 이 프로젝트가 유명한 것은 이 실험이 무려 75년 동안 진행되었기 때문입니다. 몇 년을 관찰한 것도 대단하다 할 수 있을 터인데, 724명의 인생 전체를 무려 몇 세대 동안, 아니 죽을 때까지 추적한 것입니다. 최근에는 그들의 후손 2,000여명을 대상으로 새로운 프로젝트를 시작되었다고 하니 놀랍습니다.

이 프로젝트의 주제는 흥미롭게도 '무엇이 사람을 행복하게 하는가?'였습니다. 이 실험의 결과가 2013년 완료되었고, 하버드 의과대학의 교수인 조지 베일런트 박사에 의해 2015년, [행복의 비밀]이라는 제목으로 출간되었습니다. 이 엄청난 실험의 결과는 많은 사람들을 놀라게 하였지만, 사실은 하나님의 창조질서와 더불어 건강한 관계 안에서의 삶이 얼마나 귀한 것인지를 다시금 확인하게 해 주었습니다. 연구의 결과는 크게 세 가지였습니다.

첫째, 행복의 조건은 그 사람의 선천적인 능력이나 배움의 정도, 재산이나 사회적 위치, 상속된 재산 등이 아닌, 바로 그 사람이 갖고 있는 '관계'였습니다. 가족과 친구, 공동체와의 연결이 밝고 건강 할수록 인생의 행복도가 높았으며, 반면 정상적이지 않거나 숨겨진 관계는 결국 외로움과 고독으로 인생을 마무리하게 되어 독약과 같은 역할을 했습니다.

둘째, 한걸음 더 나아가 얼마나 많은 관계를 맺느냐보다 더 중요한 것은 친밀감과 신뢰도가 높은 관계를 맺는 사람이 더 행복했다는 것입니다. 즉,

관계의 양 보다는, 그 관계가 형식적인 연결이 아닌 자신의 삶을 오픈하여 나누는 관계가 있으면 있을수록 훨씬 더 행복한 삶을 산다는 것입니다.

셋째, 이와 같이 좋고 건강한 관계는 몸과 마음에 상당한 영향을 끼쳐, 관계에 건강한 노년들은 그렇지 않은 사람들 보다 병을 이기는 면역력이 3배 이상이 높았습니다. 게다가 친밀함과 따스함, 배려와 관용 등, 행복한 대인관계는 뇌에도 영향을 끼쳐, 그렇지 않은 사람보다 알츠하이머 발병률이 무려 8배가 작았습니다.

아무리 생각해 보아도, 사람은 하나님이 만드신 대로 살아야 합니다. 여러 생각들이 있겠지만, 자꾸 우기고 고집 피우면 결국 불행한 삶을 살게 됩니다. 일명 '비대면'(Untact)이라는 단어가 팬데믹 코드가 된 요즘, 결코 포기할 수 없는 것이 있다면 바로 '밝고 건강한 대면'일 것입니다. 주님께서 당신의 교회를 우리에게 주신 이유가 여기 있음입니다.(2020. 5.17)

나의 묵상

■ 나는 무엇 때문에 건강하고 행복합니까?

지혜 있는 자는 궁창의 빛과 같이 빛날 것이요
많은 사람을 옳은 데로 돌아오게 한 자는 별과 같이 영원토록 빛나리라 _단 12:3

포스트 코로나와 그리스도인의 자세

여러분들도 그러하시겠지만, 요즘 제 기도와 묵상, 생각과 마음은 오직 하나로 모아지고 있습니다. 바로 '포스트 코로나'(코로나 이후)입니다. 이번 코로나19는 너무나 많은 것을 바꾸고 있습니다. 아직 변화에 대해서 잘 감지가 안 되는 분들도 계시겠지만, 단지 내가 감지가 되지 않을 뿐, 우리 모두는 그 변화의 한 가운데 있음입니다. 정말 모든 것이 다 변하고 있습니다. 심지어 아마존의 CEO인 제프 베조스는 "우리의 생각보다 조금 일찍 바뀌었을 뿐, 어차피 바뀌어야 할 것들이었다"라면서 미리 준비된 매뉴얼을 제시할 정도입니다.

물론 이런 변화에는 긍정적인 부분과 부정적인 부분이 있을 수 있습니다. 그래서 우리는 그 변화 중 몇 개를 선택하려 합니다. 그러나 미래학자인 제레드 다이아몬드의 말처럼, "대변동(upheaval)이 일어나면 변화는 옵션(선택)이 아닌 멘더토리(필수)가 되어버린다. 그리고 작금은 위기와 선택, 변화라는 세 단어만 존재하는 비상 시기이다"라는 것입니다. 그리고 이 변화의 요구는 비단 경제현장에 있는 분들만의 이야기가 아닌, 은퇴한

162

이들과 가정주부 심지어 유아와 백수에 이르기까지 모든 사람들에게 해당이 된다는 것입니다.

그렇다고 막연한 두려움이나 불안감을 가질 필요는 없습니다. 이런 가운데 감사한 한 가지는, 그리스도인들에게는 오히려 이런 변화가 낯설지 않다는 것입니다. 이것은 역사가 입증한 사실이기도 합니다. 그것은 바로 그리스도인들에게 가장 익숙한 요구가 바로 '변화'이고, 성경에 가장 많이 나오는 단어 중의 하나가 바로 '변화'이기 때문입니다. 그것도 일반적인 '변화'(change)가 아닌 한 걸음 더 나아가 '변혁'(transform)입니다. 이런 면에서 복음과 기독교, 교회와 그리스도인이 세상을 변화시켜 온 것은 이상한 일이 아닙니다.

이번 코로나 이후의 변화에 대해서도 마찬가지입니다. 변화는 하루아침에 되는 것이 아니라, 묵상하고 기도한 만큼 됩니다. 그렇기에 변화에는 참 지혜와 통찰을 구하는 묵상과 기도가 필요한 것입니다. 분명 좋으신 하나님께서 국가적으로든 개인적으로든 가장 좋은 길을 주실 것입니다. 모든 하나님의 사람들과 그들이 맞이했던 변화의 상황들을 묵상해 보십시오. 그들은 시대의 변화와 개인적인 삶의 변화에 대해 결코 숨거나 움츠리거나 방관하거나 두려워하지 않았습니다. 하나님을 통해 세상의 변화에 대처해 나갔던 것입니다.

그렇다면 하나님의 사람들이 가지고 있는 [변화에 대한 매뉴얼]은 무엇일까요? 첫 번째는, '위기 상황을 받아들여라'입니다. 위기라고 생각하지 않으면 뇌는 움직이지 않고, 배부른 뇌는 새로운 생각을 하지 않습니다. '인정'입니다. 두 번째는, '정직한 자기평가를 해 나가라'입니다. 자신을 정확히 알려면 때로 자신에게 인색하고 잔인하여, 자기 문을 부수고 상대를 받아들일 줄 알아야 합니다. '초청'입니다. 세 번째는, '나만의 시나리오를 써 보라'입니다. 소설도 자기에게 적용되면 어느 순간 현실이 되고, 내 것이 됩니다. '적용'입니다.

여러분 개인적으로든, 또 사업적으로든, 또 우리 교회적으로든 묵상하고 기도하면서 하나씩 점검할 필요가 있을 것입니다. 이 세 가지는 놀랍게도 세상의 변화에 가장 잘 대처한 모든 아웃 라이어들의 개인 매뉴얼이기도 합니다. 그러나 이것 역시 성경에서 기인된 것이라면, 우리의 말씀묵상과 기도에는 놀라운 비밀이 있음입니다. 여러분을 응원합니다. 분명 좋은 생각, 좋은 길이 열릴 것입니다.(2020. 5.24)

나의 묵상

▌나는 변화에 어떻게 대처합니까?

구하라 그리하면 너희에게 주실 것이요 찾으라 그리하면 찾아낼 것이요
문을 두드리라 그리하면 너희에게 열릴 것이니 _ 마 7:7

회복의 날을 맞이하여 드리는 목사의 마음

　지난 4개월, 쉽지 않은 어려움의 시간이었지만, 한편으론 이만큼 극복할 수 있는 나라적인 자생력과 국민적인 성숙함을 보게 된 것은 귀한 소득이었습니다. 동시에 교회는 교회대로 그 동안 해결하지 못했던 숙제들을 다시 받는 시간이기도 했습니다. 무엇보다 교회의 성숙이 세상의 속도를 따르지 못할 때, 즉 세상이 교회를 걱정하는 시대엔 어느 때 보다도 균형 잡힌 영성이 절실함을 보여 주었습니다.

　또한 교회에 모이지 못하는 사상 초유의 일은 그야말로 생활영성에 대한 실력이 어느 정도인지의 시험을 치루는 시간이기도 하였습니다. 다들 낯설고 힘이 들었지만, 온라인예배라는 완전히 새로운 변화를 경험하게 된 것입니다. 이 부분에 있어선 담임목사로서 우리교회가 참 고맙고 자랑스럽습니다. 지난 4개월, 여러분들은 묵묵히 교회의 결정에 순종해 주셨고, 비록 흩어진 가운데서도 성도의 책임을 다하면서, 있는 곳에서 예배자의 삶을 보여주셨습니다.

이런 가운데 우리교회는 이번 5월을 '회복의 달'로 정하면서 서서히 모임을 시작하고, 오늘(31일) 주일을 가능한 같이 모일 수 있는 '회복 주일'로 정하였던 것입니다. 물론 여전히 이태원클럽에 이어 쿠팡물류센타 또 지난 주간부터 자녀들의 등교가 이루어지면서 적지 않은 염려가 있지만, 오늘 예배는 모이는 인원과 상관없이 '회복의 한 매듭'이 되었으면 합니다.

아시는 대로, 우리교회는 이번 코로나 기간 동안 균형 잡힌 결정을 내리는데 온 마음을 모았습니다. 당연히 앞으로 코로나 이후(post)에 대한 부분도 시대를 읽는 지혜를 구하면서 동시에 우리교회에 맞고 필요한 방법들을 잘 찾아 나갈 것입니다. 이런 가운데 오늘 그 동안의 가정에서의 온라인예배에서 한 걸음 나아와 교회에서의 예배를 요청하는 담임목사로서의 간절한 마음을 나누고 싶습니다.

첫째는, 현대판 '신 영지주의'에 대한 위기의식 때문입니다. 영지주의는 몸을 거절하고 부인하는 초대교회 이단입니다. 참 예배는 몸으로 모든 성도가 한 지체로 연합하여 하나님께 영광 드리는 것입니다. 물론 현실적인 어려움이 있지만, 너무 온라인예배에 익숙해지면, 자칫 관념의 세계를 벗어나기가 어렵습니다. 조금 시간이 걸려도 마음과 몸은 함께 가야 합니다.

둘째는, '개인주의와 가족주의'에 대한 위기의식입니다. 진정한 교회는 모든 담을 허물어 인종, 남녀, 빈부, 계급, 정당, 선호 등을 뛰어넘어 함께 예배드림을 기초로 합니다. "오늘날의 새로운 이단의 출현은 개인주의와 가족주의이다"라는 제자도의 선언문에 귀 기울여야 합니다. '비겁

촉'(Untact)이라는 시대적 코드가 여러분의 영성까지 차단시키지 않도록 해야 합니다.

셋째는, '올바른 영적성장'에 대한 위기의식입니다. 회개와 권면의 말씀이 90%가 넘는 성경의 가르침에서, 진정한 영적성장은 스승이 아니라 아비의 관계에서 가능합니다. 온라인예배의 가르침은 마음에 들지 않으면 쉽게 중단하고 자리를 떠납니다. 내 취향에 맞는 선생들을 찾아 방황할 뿐입니다. 즉, 온라인으로 학습은 가능하지만 영적성장은 이루어지지 않습니다.

사랑하는 여러분, 한걸음 움직여 보십시오. 한 번의 매듭을 지어보십시오. 주변에도 권면해 주십시오. 매 주일이 회복의 주일이 되기를 기도드립니다.(2020. 5.31)

나의 묵상

▌나는 예배에 대해 어떠한 간절함이 있습니까?

하나님이 세상을 이처럼 사랑하사 독생자를 주셨으니
이는 그를 믿는 자마다 멸망하지 않고 영생을 얻게 하려 하심이라 _ 요 3:16

기도와 사랑을
부탁드립니다.'

　'회복'을 위한 기도를 계속 부탁드리며, 오늘은 다른 기도를 부탁드리고 싶습니다. 아시는 대로, 우리교회는 작년 7월경부터 CBS와 CTS의 TV설교를 통해 방송선교에 동참할 수 있었습니다. 사실 저는 제가 방송설교에 참여하게 되리라고는 생각지 못했습니다. 솔직히 "뭐, 나까지"하는 마음도 없지 않았고, 무엇보다 우리교회의 재정 형편도 그러하여 아예 염두에 두지 않고 있었습니다.

　그러던 중, 한 교우님 가정에서 드린 목적헌금으로 인해 뜻하지 않게 방송선교가 시작되었습니다. 이후 방송국은 CBS와 CTS로 결정되었고, 지금까지 매 주일과 수요일 저녁에 방영되고 있습니다. 감사한 것은, 이후 방송국들의 요청으로 5분 영상에 이어 CBS의 [세상을 보는 창]에서 7번의 특집을 찍게 되었고, CTS로 부터는 7월부터 방영될 [두란노 성경교실]을 위해 12번의 강의요청을 받은 상태입니다. 사실 이러한 확장(?) 또한 생각지 못한 부분이었습니다.

그런데 이런 일련의 과정을 통해 깨달은 것이 하나 있습니다. 바로 하나님의 일하심과 타이밍에 대한 것입니다. 물론 우리교회의 미래를 위해 방송선교의 필요성은 어느 정도 인식하고는 있었지만, 이렇게까지 구체적으로 인도하실 줄은 몰랐습니다. 그렇게 방송설교를 시작한 이후 만난 코로나는 우리의 전도현장과 그 방식까지 모든 것을 바꾸어 놓았습니다. 가정방문은 물론 노방전도조차도 녹녹치 않게 되었습니다. 즉, 원하든 원하지 않든, 비접촉(Untact) 방식인 '방송(Air)과 디지털(Digital) 전도'로 바뀌는 시대를 맞이하게 된 것입니다.

이런 가운데 주신 주님의 마음을 여러분께 나누면서 기도를 부탁드립니다. 지난 10여 개월, 먼저 방송선교로 인도해 주신 하나님께 그리고 귀한 봉헌을 해 주신 가정과 또 기도해 주신 여러분들께 감사를 드립니다. 생각지 못한 시작이었지만, 여러분들을 통해 많은 응원과 응답을 받을 수 있었습니다. 그 동안 갖고 있던 TV설교에 대한 인식이 바뀌었다는 분, 교회에 대해 자긍심을 갖게 되었고 전도에 도움이 되었다는 분, 방송선교가 얼마나 귀한지를 알게 되었다는 분 등등... 저 역시도 방송선교에 대한 주님의 마음을 놓고 기도하는 시간이 되었습니다.

그것은 "여기서 멈추기 보다는 주님의 인도하심에 반응해 보자"는 것입니다. 그러나 담임목사로서의 고민과 기도가 있습니다. 현 시점에서 교회 예산으로 방송선교비를 사용하는 것이 편치 않고 옳지 않다는 마음 때문입니다. 이후 하나님이 재정적으로 풍성하게 부어주시면 모르지만, 아직 우리교회로선 건축으로 인한 은행 빚을 갚는 것부터 다음세대인 교육부는 물론, 여러 필요한 사역들과 선교에 더 많은 지원과 예산을 필요로 하기 때문입니다.

그래서 여러분들의 기도와 마음을 부탁드립니다. 혹 결과가 그렇지 않다 하여도 괜찮습니다. 좋으신 주님의 선하신 인도하심을 믿고 다음의 시간을 기다리면 될 것입니다. 이번에 다시 알게 된 것 하나는, 복음방송이 복음전파에 얼마나 큰 역할을 하는지 또 이를 위해 얼마나 많은 분들이 헌신하고 있는지 모릅니다. 우리 모두가 '전파 선교사'가 되어 땅 끝까지 복음을 전하는데 '함께' 할 수 있습니다. 여러분들의 기도와 사랑을 부탁드립니다.(2020. 6.7)

나의 묵상

▌나는 하나님의 일하심에 어떻게 동참하고 있습니까?

하나님이 오른손으로 예수를 높이시매 그가 약속하신 성령을 아버지께 받아서
너희가 보고 듣는 이것을 부어 주셨느니라 _ 행 2:33

최고의 감사,
그 위대한 역발상

스탠퍼드 대학 경영학과 로버트 서튼 교수는 새로운 것으로 세상을 자주 놀라게 하는 Apple, 3M, HP, 코닝 등 혁신을 잘하는 기업을 관찰하면서, 그들이 어려움 속에서도 살아남아 다른 기업을 선도하는 비결에 대해 연구했습니다. 그렇게 나온 책이 바로 [역발상의 법칙](Weird idea that work)입니다. 서두에서 그는 기업이나 조직이 영속하기 위해서는 끊임없는 혁신이 필요한데, 혁신의 시작은 '치열한 고민'과 '엉뚱한 생각' 그로인한 '역발상'이라고 말합니다. 우리로 말하면 '기도와 말씀에서 나온 생각지 못한 인사이트'입니다.

그는 모두가 옳다고 생각하는 방식대로 일을 하면 당장은 망하지 않고 당분간은 유지되는 것처럼 보이지만, 결국 새로운 환경에 적응하지 못하고 도태된다고 경고합니다. 하지만 현실은 만만치 않습니다. 또 새로운 도전을 좋아하는 사람은 많지 않습니다. 영국의 브리태니커 사전에 나온 인간의 정의를 보고 웃었던 적이 있습니다. "인간이란 될 수 있는 한 안락함을 구하고, 될 수 있는 한 노력을 안 들이려는 이상한 동물이다." 영국 사람이 인간을 이 정도로 정의한 것을 보면, 인간의 근본적인 속성이 어떠한지 짐작이 갑니다.

그렇기에 천재지변이나 전쟁 혹은 사회와 경제의 급박한 변화는 분명 인류를 당황하게 하고 좌절하게 하지만, 결국은 그로 인해 인류는 다시 응전하고 계속 진화할 수 있었음입니다. 이때 절실한 것이 바로 익숙하고 편한 '과거의 경험적 방법'으로부터, 익숙하지 않고 불편하게까지 느껴지는 '탐험적 방법'으로의 '전이'(transfer)입니다. 이런 의미에서 우리가 겪고 있는 뉴 노멀(new normal)은 우리로 하여금 역발상을 하게 하는 아주 고마운(?) 단초임에 분명합니다. 즉, 위대한 역발상의 열매는 최고의 감사가 될 수 있음입니다.

오늘은 어느덧 올해의 반이 마감되는 6월의 마지막 주일입니다. 다음 주는 교회절기로 [맥추감사주일]로, 새로운 후반기가 시작됩니다. 이 시점에서 우리가 기억할 것은 하나님의 모든 절기에는 그 의미와 우리를 향한 배려가 있음입니다. '절기'(節氣)의 한자가 '마디 절'인 것을 보아도 알 수 있습니다. 즉, '마디를 끊는 마음으로 다시 시작하라'인 것입니다. 사실 이번 맥추감사절은 많이 낯설게 느껴집니다. "정말 감사를 해야 하나?" 할 정도입니다. 올 상반기 내내 코로나로 겪었던 고충과 아픔이 여전히 진행형이기 때문입니다.

그러나 그럼에도 불구하고 다시 새로운 마디를 시작해야 합니다. 이번 어려움을 새롭게 바라보는 '역발상의 믿음'이 필요합니다. "믿음을 주신 이유가 이때를 위함이 아닌가?" 주님께 진지하게 물어보고 스스로 자문도 해야 합니다. 믿음은 어려울 때 빛을 발합니다. "왜 하필 나에게 이런 일이" "주님은 내가 편한 꼴을 못 보시는구나" "이 나이에 다시 시작해야 하다니" "나는 변화가 싫은데" 하는 식의 접근은 아무 유익이 없습니다. 오히려 우울과 침체까지 가져옵니다. 그래서 이런 생각이 영적인 부분임을 잊지 말아야 합니다.

"한쪽 문이 닫히면 다른 문이 열린다." 그렇습니다. 보이지 않던 출구(出口)가 보입니다. 이런 때일수록 "만군의 하나님이 나의 하나님이신데, 그래 이때가 정말 감사할 때가 아닌가?" 믿음의 가치를 발휘할 때 입니다. 분명 지금의 위기는 내 인생 최고의 감사를 드릴 수 있는 시간입니다. 이런 여러분들의 모습에 마귀의 분해하는 모습이 눈에 선합니다. (2020. 6.28)

나의 묵상

▌나는 날마다 '감사일기'를 적으면서 돌아보고 있습니까?

다른 이로써는 구원을 받을 수 없나니 천하 사람 중에 구원을 받을 만한
다른 이름을 우리에게 주신 일이 없음이라 하였더라 _ 행 4:12

의미있는 후반전
그리고 주님의 칭찬을

　미국 케이블 방송계의 신화적 인물로 평가받는 밥 버포드(Bob Buford)라는 분이 있습니다. 그는 미국 방송계의 선구자요 또한 실제로 자신이 방송사를 운영하여 미국 최대의 케이블 방송이 되게 한, 소위 '성공한' 경영인이었습니다. 그랬던 그에게 인생에 대한 회의가 찾아옵니다. '내 인생의 최고 가치는 무엇인가?' '나는 무엇을 위해 일하고 있는가?' '나는 지금 잘 살고 있는가?' 그리고 그 즈음에 하나 밖에 없는 아들을 잃는 아픔을 경험하게 됩니다. 이런 일련의 사건들은 그에게 지난 인생을 돌아보고 돌아서게 하는 결정적 계기가 됩니다.

　그는 이 새로운 시작을 '영적 여정'(spiritual journey)이라고 고백하면서, 믿음의 길을 걷게 됩니다. 그리고 자신의 묘비명을 'x100'(곱하기 백:100배)로 정하여, 사람들이 자신을 자기만을 위해 살았던 사람이 아니라, 마태복음 13장 예수님의 [씨 뿌리는 자의 비유]에 나오는 '좋은 땅에 뿌려져 (30배, 60배) 100배의 결실을 맺는 씨'같은 사람으로 기억하기 원한다고 말합니다. 이 고백처럼, 그는 지난 시간 자신을 위해 살았던 삶을 축구경기의 '전반전'으로, 이제 하나님의 자녀로 하나님을 위해 살기로 한 삶을 '후반전'으로 표현합니다.

이것이 그가 쓴 책, [하프 타임](Half Time)의 내용입니다. 자신의 성공만을 위해 달려왔던 전반전을 마치고, '성공'에서 '의미'로, 재능과 자원을 '획득하는 삶'에서 이제는 '함께 하는 삶'으로의 변화를 얘기합니다. 경영학의 거장 피터 드러커(Peter Drucker)가 이 책을 추천하면서 "이 책은 매우 특이한 책이다. 적어도 나는 약간이라도 이와 비슷한 책을 여태껏 한 권도 보지 못했다"라고 한 것을 보아도, 이 사람이 어떤 사람인지를 알 수 있습니다.

오늘은 한 해의 전반전을 마치고, 다시 새로운 후반전을 시작하는 [맥추감사주일]입니다. 추수감사절이 그 해 농사의 마무리에 대한 감사라면, 맥추감사절은 그 농사의 '첫' 열매에 대한 감사입니다. 사실 '첫'이라는 말은 그 자체만으로도 마음을 설레이게 하며 인생의 의미를 돌아보게 합니다. 처음 초등학교에 갔을 때, 처음 직장에 나갔을 때, 처음 월급을 받았을 때, 처음 사랑을 고백했을 때, 처음 아기를 안아 보았을 때, 처음 교회에 나왔을 때, 처음 세례를 받았을 때, '처음' 주님을 만났을 때... 그렇게 '다시, 처음처럼 살라'는 것입니다.

이번 달 [매일성경] 첫 본문이 베드로전서입니다. 베드로전서는 주후 1세기 경, 박해 속에 있었던 소아시아의 그리스도인들을 향한 편지입니다. '고난'(헬라어로 파스코)이라는 단어가 무려 14번이나 나올 정도로 그들의 삶은 어려웠습니다. 하지만 그런 가운데서도 그들은 하늘의 소망을 두고 믿음을 지킵니다. 그래서 베드로는 "너희가 이제 여러 가지 시험을 말미암아 잠깐 근심하지 않을 수 없으나 오히려 크게 기뻐하는도다"(벧전 1:6)라고 하면서, 그들의 믿음에 진정 감사의 마음을 전하고 그들을 칭찬합니다. 얼마나 귀하고 아름다운지요.

이 말씀은 오늘을 사는 우리에게도 적용됩니다. 아픔의 모양은 다 다를지라도, 인생이라는 '삶의 광야'에서, 자기의 뜻이 아닌 주님의 뜻을 물으면서 의미있는 후반전을 추구하는 것은 가장 가치있는 모습임에 분명합니다. 오늘 하나님께 드리는 감사가 진정 자기를 돌아보는 의미있는 시간이 되었으면 합니다. 그냥 절기라서가 아닌, 진정한 감사가 되시기를 그리고 우리에게 부어주시는 주님의 칭찬을 마음껏 받으시길 축복합니다. (2020. 7.5)

나의 묵상

▌지금 나의 감사는 무엇입니까?

말씀이 육신이 되어 우리 가운데 거하시매 우리가 그의 영광을 보니
아버지의 독생자의 영광이요 은혜와 진리가 충만하더라 _요 1:14

가장 끈질긴 '그놈' 그리고 '그분'

    천 만 서울의 또 사 백만 부산의 수장이 되고, 그렇게 공부를 많이 하여 대학 강단에 서도, 아니 그야말로 한 나라의 대권을 쥐어도, 피할 수 없는 '그놈'이 있습니다. 하루가 멀다 하고 들려오는 미투(Me too) 사건이나 막장 불륜 이야기들, 게다가 성직자들의 불미스런 소식까지 접하노라면, 도대체 그놈을 막을 길은 정말 없는 것인지 안타깝고 좌절스럽기 까지 느껴집니다. 이러한 결과가 새삼스럽지 않은 것은 최근 가장 시청률이 높았던 드라마 [부부의 세계]를 보아도 알 수 있습니다. 도대체 이 극본을 쓴 사람이 과연 정상인가 했는데, 정작 본인은 "나는 그저 시청자들의 은밀한 상상력을 도와주었을 뿐"이라며 당당해 합니다.

    나이와도, 학벌과도, 재산과도, 직업과도, 사회적 위치와도 아무 상관 없이 온 세상을 휘저으면서 한번 그 덫에 걸리기만 하면 하나님의 자녀까지도 나락으로 빠뜨리는 '그놈'... 바로 그 정체는 '불같은 욕망, 음욕'이라는 놈입니다. 사실 사람들은 이놈이 얼마나 강력하고 파괴적인지를 잘 모릅니다. 또 이놈에게 한번 잡히면 도무지 피할 수가 없습니다. 2011년 4월

아프리카 남수단으로 선교봉사를 떠났던 한 여성 신자가 신부로부터 성폭행을 당합니다. 잔혹한 폭력으로 여인을 범한 후 비로소 정신이 돌아온 신부가 한 말은 "내가 내 몸을 어떻게 할 수 없었다. 그러니까 네가 좀 이해를 해 달라."였습니다(KBS 9시뉴스/2018.02.23).

같은 성직자로 많이 부끄럽지만, 이것이 우리의 민낯입니다. 몇 달 전, 미성년자들에게 성착취물 영상을 찍게 한 N번방 주범인 조주빈 청년이 한 말이 떠오릅니다. "도저히 멈출 수 없었던 악마의 삶을 멈춰주셔서 감사합니다." 얼마나 힘들고 버거웠으면 잡힌 것을 고맙다고 까지 했을까? 그러나 아무도 그가 이 '악마의 삶'을 멈출 것이라고 믿지 않습니다. 이놈은 옛날이나 지금이나 한결같고 건재합니다. 삼손처럼 두 눈이 뽑히는 처지가 되어야만 정신을 차리게 하고, 다윗처럼 부하도 가정도 자녀도 보이지 않게 하고 심지어 살인까지도 주저하지 않게 하는 이놈. 이놈은 지금도 성실하고 집요하게 자신의 먹잇감을 찾고 있습니다.

이길 방법은 없을까? 아니 최소한 비참한 먹잇감이 되지 않는 길은 없을까? 하나님의 말씀은 뭐라고 하고 있을까요? 사실 잘 몰라서 그렇지, 성경은 처음부터 마지막까지의 모든 세대를 통해 '이 놈'에 대해 말씀하고 있습니다. 우리는 이놈이 몸에 기생하고 몸에서 일어나기에 육적인 것으로 알고 있지만, 이놈의 정체는 '영'이라는 것입니다. 그러니 이 사실을 모르면 백이면 백, 당하게 됩니다. 몸을 숙주삼아 돈, 권력, 환경이 촉매역할을 할 뿐입니다. 무엇보다 이놈은 아주 '사악(邪惡)하고 영악(靈惡)한 실제'이기에, 참 영이신 하나님을 근본적으로 싫어하고 밀어냅니다. 그래서 모든 성적타락과 욕망의 폭발은 하나님을 간과함에서 비롯됩니다.

즉, 덫을 걸어 놓고 자신에게 걸리는 순간, 그놈은 서서히 때로 신속히 '그분'을 떠나게 만듭니다. 그렇기에 매 순간 그놈이 아닌, '그분'을 생각하고 의식할 때만이 "서로를 향하여 음욕이 불일 듯 하는 것"과 "마음에 하나님 두기를 싫어하는 것"(롬1:24,28)에서 나올 수 있습니다. 그 동안 내가 믿었던 의지도 이 무소불위의 음욕 아래서는 나약한 어린아이일 뿐입니다. 그래서 날마다 순간마다 영적인 '그놈'을 이기실 수 있는 가장 영적이신 '그분' 앞에 나아가 그분의 음성을 들어야 합니다. 이것이 가장 끈질긴 '그놈'을 이기고, '그분' 안에서 자기를 지키는 가장 확실한 방법입니다... 이것이 바로 '말씀 묵상'입니다.(2020. 7.19)

너는 마음을 다하여 여호와를 신뢰하고 네 명철을 의지하지 말라
너는 범사에 그를 인정하라 그리하면 네 길을 지도하시리라 _잠 3:5-6

세상을 향해 그래도
할 말이 있으려면

요즘 말씀을 묵상하면서 많은 은혜를 받습니다. 목사가 이렇게 은혜를 받는다고 하면, 아니 매일 설교하는 목사가 뭐 새삼 은혜? 라고 생각할 수 있을 것입니다. 근데 '새삼 은혜'가 아니라, 목사도 날마다 은혜 없이는 살 수 없는 존재입니다. 한때 목회를 하지 말고 학교에서 가르칠 걸 후회한 적이 있었습니다. 목회란 하던 가락(?)으로 우려먹을 수 없다는 것을 알았기 때문입니다. 영적세계는 오래해서 익숙한 것으로는 결코 통하지 않는 세계입니다.

즉, 축적의 개념이 통하지 않는 것입니다. 결코 이전 것으로 때울 수 없는 것이, 한 순간만 주님에게서 눈을 떼면 언제 그랬냐는 듯이 하루아침에 딴 사람이 되거나 하나님과 등을 질 수 있습니다. 그래도 그 동안 쌓아둔 둔 것이 있으니 웬만한 유혹이나 시험에는 버틸 수 있겠거니 생각하지만, 현실은 냉정합니다. 그야말로 날마다 은혜를 받고 새로워지지 않으면 살 수 없는 것이 영적 세계입니다. 그래서 매일 마다의 은혜 요청이 절실한 것입니다.

그런데 이렇게 주님의 은혜를 구할 때 오는 큰 유익이 있습니다. 바로 '나를 정확하게 보는 것'과 '약함을 유지하는 것'입니다. 말씀을 묵상하면 하나님이 보이고 또 내가 보입니다. 사람들 앞에서의 도덕적인 내가 아니라, 하나님 앞에서의 가면을 쓴 모습입니다. "늘 한 쪽으로 치우쳐 주장하고, 말하는 입과 혀로는 늘 속임을 일삼고" 또 "방탕으로 술 취하며 마음에는 음란과 호색의 마음이 가득한"(롬3/13장) 혈기와 욕망에 찬 내 모습 말입니다.

이때부터 주님을 통해 강해지려고 했던 기도에 변화가 시작됩니다. 강한 분은 오직 그분이며, 나는 그 분 안에서 오직 '약해지는 것'임을 또 모든 타락의 시작이 강함이라면 모든 승리의 시작은 약함이라는 것을 알게 된다. 리챠드 포스터는 자신의 책 [돈, 섹스, 권력]에서 이렇게 일침 합니다. "돈, 섹스, 권력은 사용하는 자에 따라 완전히 달라진다. 강해지려고 하는 자에게 이것들은 큰 재앙이 될 수 있다. 먼저 말씀 안에서 이것들의 힘(power)을 알고 겸손히 그분께 이것들의 사용법을 간구해야만 재앙을 피해 축복이 될 수 있다."

교회의 본질은 강함이 아니라 '약함'입니다. 역사적으로도, 교회는 강해질 때 부패했으며 세상의 조롱이 되었습니다. 반면 약하여 무시 받고 힘이 없어 대항도 못할 때, 교회는 묵묵히 고난을 받으면서 복음을 전했습니다. 본질과 역사가 이러하거늘, 요사이 한국교회는 너무 강하고 사납다는 생각을 지울 수가 없습니다. 나름 타당한 반박의 여지가 있어도 힘이 있을 때를 경계해야 함인데, 근간의 모든 일간지에 도배한 항의 성명서와 유튜

브 영상과 댓글들, '건들지 말라. 이젠 그냥 있지 않겠다.'는 것이 오히려 안
스럽고 초라하게 보입니다.

코로나 처음 때의 진지한 회개도, 자숙의 마음도 사라진지 오래입니다.
그렇게 눈물 뿌려 회개하고 필히 낮아져 국민들과 함께 하겠다고 또 우리
는 신천지와 다르다고 다짐했건만, 조금의 불편함과 손해를 참지 못하고
소리를 지르는 모습은 세상에 어떻게 비쳐질까? 부디 두 주 만에 해제된
[교회 방역강화조치]를 두고, 기독교의 일치된 힘의 승리(?)라고 회자되지
않기를 바라지만, 정부가 아닌 하나님이 건드려도 별반 다르지 않겠구나
생각도 듭니다. 무엇보다 교회는 그 자체로 '고난받는 공동체'이기에, 세상
보다는 조금이라도 넓고 조금이라도 깊어야만 나름 세상을 향해 할 말이
있기 때문입니다.(2020. 7.26)

나의 묵상

■ 내가 은혜를 유지하는 비결은 무엇입니까?

우리가 아직 죄인 되었을 때에 그리스도께서 우리를 위하여 죽으심으로
하나님께서 우리에 대한 자기의 사랑을 확증하셨느니라 _롬 5:8

'언블링킹 아이'(Unblinking eye) 기사를 접하면서

　지난 28일 정부에서는 그 동안의 [한-미 연료제한 미사일 지침]이 개정되었음을 발표하면서 "이제 대한민국의 모든 기업과 연구소, 모든 개인은 액체연료뿐만 아니라 고체연료와 하이브리드형 등 다양한 형태의 우주발사체를 아무 제한 없이 자유롭게 연구개발하고 생산, 보유할 수 있다"는 보고를 하였습니다. 이런 최첨단 군사 및 우주 과학기술의 해제에 대한 평가는 다 다르고 좀 보류하더라도, 이는 엄청난 변화임에 분명한 듯 합니다.

　즉, 지금 경험하고 있는 '뉴 노멀'과는 차원이 다른, 또 '신세계'(new world)를 만나게 될 것이라는 것입니다. 이 분야의 전문가인 한 지인은 이를 두고 일명 '우주시대의 개막'이라고까지 명명합니다. 말인즉, 그 동안 우리나라의 우주발사체 개발은 지난 한-미 미사일지침에 의해 액체연료 기반에 국한돼왔는데, 이번 고체연료 로켓의 해제로 인해 이제 우리 스스로가 이를 생산하고 조종하게 되는, '독자적 우주개발시대'가 열렸다는 것입니다.

183

그러던 중, 한 단어, '언블링킹 아이'(Unblinking eye)라는 단어가 귀에 들어왔습니다. 이것은 NASA(미국항공우주국)의 용어로, 말 그대로 '깜빡이지 않고 감시하는 눈'을 의미합니다. 즉, 우리의 위성을 통해 한반도를 24시간 쉬지 않고 감시하게 된다는 것입니다. 흥미롭게도 이 '언블링킹 아이'는 지금부터 3,000년 전 다윗이 하나님을 가리켜 한 말입니다. "이스라엘을 지키시는 이는 졸지도 아니하시고 주무시지도 아니하시리로다"(시 121:4)

그런데 실제로 단 1초도 쉬지 않고 정찰하는 이 '언블킹 아이'의 현재 능력이 어느 정도냐? 지상에 있는 30cm 물체, 즉 우주에서 지상에 있는 사람의 얼굴 식별이 가능하다는 것입니다. 정말 놀랍습니다. 그런데 더 놀라운 것은 2000년 전 예수님이 하신 말씀 "하나님은 너희의 머리카락도 다 세고 계신다"(마10:30)입니다. 현대 과학과 기술의 진보는 늘 놀랍고 경이로울 정도이지만, 이 모든 것이 하나님 안에 다 있음을 새삼 보게 됩니다.

여기에 신앙생활의 행복과 지속의 키가 있습니다. 바로 내가 하나님을 어떻게 생각하느냐 입니다. 하나님의 '언블링킹 아이'를 알고 계시나요? 세상처럼 감시하는 눈이 아닌 눈동자같이 우리를 지켜주시고 바라보시는 그분의 임재를. 그리고 매 시간 매 순간, 나를 바라보시는 하나님과 나의 눈을 맞추고 계시나요? 나를 나보다 훨씬 잘 아시는 '머리카락까지 세신 바 되신' 하나님의 세밀하신 사랑을 날마다 확인하고 고백하고 계시나요?

나에게 하나님은 어떤 분이신가요? 혹시 막연한 하늘의 존재로, 아니면 초월적이고 추상적으로 혹은 인생을 살면서 교훈적으로 필요한 철학적 존재 같으신가요? 그리고 없으면 허전하고 하지만 가까이 하기엔 좀 불편한 관계이신가요? 여기에 대한 답이 바로 '나의 영적 모습'입니다. 이 땅에서 경험하는 현대 과학은 하나님 나라의 아주 작은 그림자를 보여줍니다. 그래서 오히려 이것을 통해 하나님이 어떤 분이신지를 알게 되는 것입니다.

8월의 첫 주일입니다... 시대가 어려울수록, 신앙의 본질은 [하나님을 아는 것]과 [그분과의 실제적 동행]이기에, '언블링킹 아이'에 대한 기사를 대하면서 다시금 하나님의 하나님 되심을 묵상하게 됩니다. 이번 8월, 어느 때보다도 주님을 깊이 바라보시길 기도드립니다.(2020. 8.2)

나의 묵상

▌나는 하나님과 어떻게 동행하고 있습니까?

나는 너희를 위하여 기도하기를 쉬는 죄를 여호와 앞에 결단코 범하지 아니하고
선하고 의로운 길을 너희에게 가르칠 것인즉 _ 삼상 12:23

185

다 죽는 길과
다 사는 길 사이에서

다시 어려운 때를 지나고 있습니다. 다시 성전 모임이 힘들 수 있겠다는 기우가 결국 현실이 되었습니다. 지금까지 잘 해 왔기에 어려운 고비를 넘길 수 있었는데 많이 아쉽고 속이 상합니다. 그러나 무엇보다 어려운 것은 연일 보도되는 [교회발 코로나 확진자]에 대한 뉴스로 인해 마음이 아픕니다. 며칠 지나서는 '일부 교회의 일탈로 인한 확진자 급증'이라는 기사로 수정되었지만, 이미 국민들에게 비춰지는 것은 교회 전체이고 개신교 전체이기에 더 안타깝고, 교회라는 이름이 이렇게 손가락질 받는 것이 주님께 많이 죄송스럽습니다.

결국 '안에서 새는 바가지 밖에서도 샌다'는 말처럼, 그 동안 안으로 자숙하지 못한 교회의 모습이 밖에서도 다르지 않음입니다. 그 '일부 교회'와 '그 목사'가 어떤 교회이고 어떤 목사이냐와는 관계없이, 그야말로 '교회와 목사'는 개신교인이 아닌 80%의 국민들에게는 가장 강력한 비호감 1호로 자리잡게 된 것입니다. 그것이 사실이냐 아니냐를 떠나 국민들의 시청률을 따야하는 방송국의 간절함(?)에 부응이라도 하듯이, 개신교계는

186

정치인들을 비롯한 수 많은 안티 크리스챤들에게 스스로 먹잇감을 제공하는 장본인이 되고 있음입니다.

아시는 대로, 추기경을 중심으로 한 천주교나 조계종으로 모아지는 불교계와는 달리, 이미 수 백 개의 교단으로 나뉘어진 개신교에는 어떤 사안에 대해 한 목소리를 낼 수 있는 원탑 시스템이 없습니다. 그래서 때로 펙트와도 전혀 맞지 않는 수많은 자기 소견들이 교단과 교회별로 계속 나와도 아무 제재를 못합니다. 게다가 이제는 기본적인 상식에 대해서도 자정 능력까지 잃게 되고, 이런 가운데 의견이 정반대인 유튜브들과 보수와 진보로 각을 세운 대형교회들까지 동원되다 보니, 출로는커녕 좁은 미로에서 서로 엉켜 싸우는 식입니다.

이런 식으로 나가면, 결국 자중지란, 스스로 망하게 됩니다. 무엇보다 이렇게 서로의 의견이 다른 가운데 나타나게 되는 '네 탓 공방'과 '나와 다른 상대를 향한 편가름'의 끝은 결국 자멸입니다. 지금까지 개 교회 안에서 또 우리 안에서도 이런 일이 얼마나 많았습니까? 그런데도 정신을 못 차립니다. 그야말로 전형적인 '다름은 틀림이다'라는 프레임에서 아직도 나오지 못하고 있습니다. 안타까운 것은 개신교는 천주교나 불교에 비해서 시쳇말로 수가 너무 낮습니다. 목회자들의 수준이나 수도 많이 딸립니다. 많이 조급하고 가볍습니다.

그러다보니 쉽게 이용당하고 쉽게 쏠립니다. 세상의 방법이나 모양과 다를 바가 없습니다. 그래서 어려운 때 일수록 무게중심을 잡아야 합니다.

더 이상 누가 옳고 누가 그르냐의 치우침과 쏠림 현상에서 나와 하나님의 눈으로 자신과 세상을 봐야 합니다. 더 이상 네 탓과 편가름의 대장인 마귀의 프레임에 속지 말고 주님 앞에 다시 엎드려야 합니다. 사실 엎드림은 아무나 하는 것이 아닙니다. 사실 힘 있는 자나 힘의 맛을 본 사람은 엎드리지 못합니다. 하나님 앞에서 약한 자와 또 그분을 온전히 신뢰하는 자만이 엎드릴 수 있습니다.

광야에선 조급하면 안 됩니다. 길을 잃고 결국 다 죽습니다. 쉽게 판단하거나 정죄치 말고 묵묵히 주님의 은혜를 구해야 합니다. 광야에선 함께 같이 가야 합니다. 생각과 가치가 다르다고 헤어지면, 결국 다 죽습니다. 광야에선 당장 보이는 것에 일희일비하면 안 됩니다. 가능한 멀리보고 하나님의 수를 신뢰해야 합니다. 그래야 '다 삽니다'... 선택은 우리의 몫입니다. (2020. 8.23)

나의 묵상

▌믿음의 성숙을 위해 내가 할 일은 무엇입니까?

형제들아 너희가 자유를 위하여 부르심을 입었으나 그러나 그 자유로 육체의 기회를 삼지 말고 오직 사랑으로 서로 종 노릇 하라 _갈 5:13

목사님, 제 친구들이 교회가 싫대요

"목사님, 요즘 교회에 대한 사람들의 눈이 너무 부담스럽고 속상해요. 게다가 제 친구들 조차 교회가 싫대요. 어떻게 하면 좋지요?" 한 교우님의 이런 탄식은 그분만의 마음만은 아닐 것입니다. 이제는 일부의 어떤 교회나 목사의 문제가 아닌, 모두의 문제가 되어버렸습니다. 세상 사람들에겐 다 그냥 '교회'인 것입니다. 모든 뉴스 첫 머리에 나오는 교회얘기는 이미 우리의 민낯이 되어버렸고, 종교탄압이니 왜곡보도니 하는 반응도 이젠 부끄러움이 되었습니다.

우리 스스로도 이러니, 그나마 교회에 조금이나마 기대가 있었던 사람들은 오죽할까? 무엇보다 우리 자녀들을 비롯한 젊은이들에게 다시 교회를 떠날 빌미를 제공한 것 같아 더 마음이 아픕니다. 이번 주, 한 청년에게 "너희들은 요즘 이런 교회의 모습을 어떻게 생각하니?"라고 물었더니 "목사님, 이상하지 않아요. 친구들은 별로 놀라지 않는 것 같아요. 사실 이젠 별로 관심도 없는 것 같구요." 합니다. 순간 안 해도 될 말을 물었습니다. "그러면 많이 교회를 떠나겠네?" 그리고 안 들어도 될 말까지 들었습니다.

"남아있는 게 신기하죠..."

이 정도였나? 교회는 아직 정신을 못 차린 게 아니라 아예 정신이 없는 거구나... 문득 기독 영성작가인 필립 얀시의 교회에 대한 그의 고백이 떠올랐습니다. '교회, 나의 고민 나의 사랑'... 고민이자 사랑이라? 미국의 엄격한 보수기독교 가정에서 태어난 그는 부모를 따라 교회에 나가다가 철이 들면서 교회 안에서의 '위선적인 싸움'과 더 이상 대화가 되지 않는 부모 세대의 '화석화된 모습'에 실망합니다. 그리고 고민하다가 결국 교회를 떠납니다.

심지어 그는 자신이 예수님께 나가는 길을 막는 주요한 원인이 교회라고까지 합니다. 그에게 비친 교회는 "더 이상 희망이 없는, 마치 침몰하는 타이타닉에서 자기들끼리 편을 갈라 아우성을 치는 모습 같았다"라고 합니다. 그렇게 회의론자가 되어 교회를 떠났던 얀시는 이후 극적으로 교회로 돌아옵니다. 비록 시간이 걸렸지만, 이후 그의 모든 강연과 저서의 중심은 놀랍게도 '교회 사랑'으로 바뀝니다. 그런 그가 이렇게 말합니다.

"잠시 교회를 떠나 있었지만, 고통 받는 쪽은 언제나 저 자신이었습니다. 사실 제가 본 것은 교회 자체의 모습이 아니라 교회 안과 밖의 모습이었습니다. 교회 안에 있는 위선적 모습, 교회 밖에 있는 비판적 모습만 들어왔던 것이지요. 교회를 떠난 후 저는 이 세상에 가장 절실한 무엇, 우리들의 위선적 마음과 세상의 비판적 생각을 뛰어넘는 그 무엇이 여전히 교회에 있음을 알게 되었습니다. 그것은 바로 주 예수 그리스도, 이 땅을 향한 그분의 은혜였습니다."

이후, 그는 자기 안에만 갇혀 있지 않고 '교회의 위를 올려다보고 교회의 주위를 둘러보고 교회의 밖을 내다보고 교회의 안'을 들여다봅니다. 세상에는 없는, 또 세상이 결코 줄 수 없는, 아니 교회만이 줄 수 있는 그 무엇을 찾기 시작합니다. 그리고 그 무엇이신 예수 그리스도를 발견하고 그는 비로소 교회를 다시 사랑하게 됩니다. 다시 그분께 집중합니다.

교회의 진정한 개혁은 세상을 바꾸거나 사람을 바꾸는 것이 아니라, 예수님 한 분만 남게 하는 것입니다. 그때 모든 소리들 가운데서도 여전히 당신의 교회를 사랑할 수 있습니다. 그래서 교회는 우리의 고민이지만, 교회는 결코 포기할 수 없는 우리의 사랑인 것입니다. (2020. 9.6)

나의 묵상

▌그럼에도 불구하고 내가 교회를 사랑하는 이유는 무엇입니까?

내가 진실로 진실로 너희에게 이르노니 한 알의 밀이 땅에 떨어져 죽지 아니하면
한 알 그대로 있고 죽으면 많은 열매를 맺느니라 _요 12:24

힘들 때는 하루만큼만 힘들어 보세요'

엊그제 한 조간신문의 1면 기사제목은 다름 아닌 '여성 덮친 코로나 우울, 2030 극단선택 늘었다'였습니다. 굳이 '여성'이라는 단어를 쓴 것은 남성들의 자살률이 많은 일반적 상식을 뛰어넘는 위급한 상태임을. 또 특히 여성은 대면 서비스 종사자가 많고 1인 가구의 주거 불안정 문제도 연결되어 있어 이번 코로나19에서 취약함이 더 크게 늘어났기 때문입니다. 국가적으로는 국민전체의 우울감이 14%가 급증하였고, 청년들과 청소년들의 우울증세도 높게 조사되었으며, 코로나 이후의 상담건수가 무려 4배 정도가 증가했다고 합니다.

무엇보다도 한 상담 전문인은 "젊은이들의 상담 키워드가 반년 만에 '불안'에서 '절망'으로 바뀐 상태"라고 말합니다. 'You Only Live Once'(인생은 오직 한번 뿐)의 약자인 YOLO(욜로)로 대변되는 청년들에게 이번 코로나로 인한 침체와 단절 등은 기성세대들의 생각보다 그 충격이 훨씬 크다는 것입니다. 그러나 이러한 극단적 우울감은 고령자들도 예외는 아닙니다. 건강에 대한 두려움과 삶의 의미상실 무엇보다 가족들을 향한 부양

192

에 대한 미안함 등이 그들을 힘들게 하고 있음입니다.

이런 마음의 위기는 어떻게 극복할 수 있을까요? 먼저, 꼭 알아야 할 것이 있습니다. 그것은 이번 코로나 재난의 폐해가 어느 나라/어느 연령층/어느 직업 할 것 없이 전방위적이라면, 또 전염병에 감염되는 것도 아무리 조심하고 예방하더라도 어느 순간 나도 걸릴 수 있는 것이라면, 너무 스스로에게만 짐을 지우고 미안해하는 것은 현명하지 않다는 것입니다. 또 감염되었거나 힘들어 하는 이웃을 향해, 책임을 묻거나 이상한 사람 보듯이 소외시키는 모습 혹은 그 정도도 견디지 못하느냐 식의 눈빛은 정말 멈추어야 할 태도라는 것입니다.

이런 가운데 하나님이 창조하신 피조물을 통해 이런 어려움을 극복하는 예를 찾아본다면, 지구상에서 가장 춥고 혹독한 곳에서 살아가는 펭귄이 아닐까 싶습니다. 펭귄이 사는 남극의 겨울 기온은 영하 60도에서 70도입니다. 이 재난적 추위에서 펭귄이 살아남는 생존전략은 개인적 역량이 아닌 바로 '집단적 체온 나누기'입니다. 눈보라가 덮치면 펭귄들은 본능적으로 서식 지 중앙을 향해 모이기 시작합니다. 그리고 자신들의 체온을 조금이라도 유지하기 위해 서로의 어깨를 맞댑니다. 일명 '허들링'(Huddling)이라고 합니다.

이때 놀라운 장면이 일어납니다. 시간이 지나면서 이들은 거의 자동적(?)으로 무리의 바깥쪽과 안쪽의 자리를 바꾸어 가는 것입니다. 이것은 정말 '신비스러운 배려'입니다. 즉, 어느 누구도 안쪽에만 있겠다고 고집하지 않는다는 것입니다. 이렇듯, 살아가면서 만나는 혹한의 추위로 비유되는 재난은 사람들로 하여금 하나가 되는 지혜로움으로 묶어주기도 하고, 각자도생으로 빠져 다 죽는 어리석음으로 나뉘게도 합니다. 차이는 서로를 긍휼이 여겨주는 '공감대'와 우리 모두는 같은 땅에서 함께 살아가는 존재라는 '연대감'의 유무입니다.

그래서 우리를 향한 펭귄의 말에 귀를 기울여 봅니다... "삶이 힘들 때는 하루만큼만 힘들어 보세요/ 욕심 부리지 말고 하루만큼의 양식에 만족해 보세요/ 삶이 버거울 때는 하루만큼만 버거워 보세요/ 큰 것은 나두고 하루만큼의 은혜에 만족해 보세요/ 나만 추운가 싶을 때 내 옆에 누군가 있음을 기억하세요/ 부디 꼭 살아내셔야 합니다." (2020. 9.13)

나의 묵상

■ 내가 가장 힘들 때 나를 살린 말이 있다면 무엇일까요?

오직 성령이 너희에게 임하시면 너희가 권능을 받고 예루살렘과 온 유대와
사마리아와 땅 끝까지 이르러 내 증인이 되리라 하시니라 _ 행 1:8

신(新)
추석 연가(秋夕戀歌)

먼저 이번 주 중의 추석과 연휴 기간 동안 귀한 시간을 보내시기를 또 무엇보다 건강에 유념하시기를 기도드립니다. 예년과 달리 이번 추석엔 고향에 내려가지 않으시는 교우님들도 많은 듯 합니다. 또 댁에서 가족들이 모여도 바깥나들이도 쉽지 않으리라 생각합니다. 이번 코로나는 가장 큰 명절인 추석까지도 완전히 새로운 일상으로 만들어 버렸습니다.

방역본부도 고향 내려가는 것에 대해서 가능한 자제해 달라고 하고, 벌초를 대행하는 것은 기본이고 성묘나 제사도 온라인으로 대체되고 있고, 심지어 고향에서는 "안 내려오는 게 효도다"라는 현수막이 붙을 정도입니다. 그러다보니 이제 명절도 어김없이 '홀로 혹은 가족들과 함께 방콕'을 해야 하는 전혀 생각지 못한 변화를 맞이하고 있는 것입니다.

그래서 이제는 '대화하는 인간' 혹은 '소통하는 인간'에 대한 즉, '호모 로쿠엔스'(말하는 인간)와 더불어 '호모 루덴스'(놀이하는 인간)에 대한 탐구가 다시 시작되어야 합니다. 사실 현대문명이 잃은 두 가지가 있다면 바로 '대화'와 '놀이'입니다. 소통은 사라지고 오로지 각자가 자기 핸드폰과 컴퓨터 가지고 노는 것이 놀이의 전부가 되어 버렸습니다.

이런 차원에서 이번 추석의 모습이 생소할지라도, 오히려 이럴 때에 추석의 본질에 대해서 생각해 보는 것입니다. 즉, 가족/친지와의 만나는 것 그리고 감사가 그 의미라면 그에 대한 생각의 전환을 갖는 것입니다. 지금까지는 보여 지는 것에 이끌리고 거기에 마음을 쏟았다면, 이제는 내면적인 부분과 성장적인 부분에 변화를 가져보는 것입니다.

한 마디로, 가족/친지들과의 '대화' 그리고 '놀이'에 대한 전환입니다. 최근 코로나로 인하여 생긴 '스몰 웨딩'에 대한 인식의 변화처럼 말입니다. 첫째는, 해도 해도 끝이 없는 '명절식사의 간소화'입니다. 육체가 지치면 마음도 지칩니다. 밥이 중요하지만, 밥이 다가 되지 않도록, 준비시간과 정리시간만 줄여도 남는 시간을 잘 활용할 수 있습니다.

둘째, 그렇게 남은 시간을 '건강한 대화'와 '건전한 놀이'의 시간으로 사용하는 것입니다. 식사 후에 온 가족이(꼭 자녀들도 같이) 함께 대화하고, 이어서 함께 하는 놀이로 연결해 보십시오. 처음엔 쑥스럽지만 막상 하면 생각보다 재밌습니다. 한 가지 조언은 모처럼의 가족들 대화를 정치나 시국얘기나, 뒷담화가 중심이 되지 않도록 하는 것입니다.

셋째, 이제 '나 홀로 명절'은 선택이 아닙니다. 가족을 보지 못하더라도 자기만의 시간과 쉼에 가치를 부여하는 것입니다. 등산도 해보고, 서점을 방문하여 잃어버린 감성도 채워보고, 나 홀로 영화도 보고, 작은 쇼핑도 하면서 자기에게 소소한 호강을 베풀어 보십시오. 관계는 마치 고슴도치 같기에, 외롭다 하지 마시고 싱글의 자유함도 누려보십시오.

넷째, 가족/친지들이 모인 시간이 예배시간(수, 금, 주일)과 맞으면 우리 교회 온라인으로 함께 예배드려 보십시오. 혹여 가졌을 교회에 대한 부정적인 생각도 털어주시고 믿음에 대한 대화도 나눌 기회입니다. 명절 동안도 [새벽, 수요, 금요, 주일예배]까지의 모든 예배는 동일하게 드려집니다. 계신 자리에서 '신 추석연가'를 부르시는 여러분 모두를 축복합니다. (2020. 9.27)

나의 묵상

▌나는 가족들과 지인들에게 어떻게 복음을 전하고 있습니까?

오직 성령의 열매는 사랑과 희락과 화평과 오래 참음과 자비와 양선과
충성과 온유와 절제니 이같은 것을 금지할 법이 없느니라 _갈 5:22-23

어떤 경우에도
남의 탓을 안 하기로 했다.

"추석은 잘 보내셨는지요?" 또 "가족들과는 어떠셨는지요?" 추석연휴로 인해 이 글을 주초에 쓰다 보니, 이 글을 읽으시는 토요일 오전의 시간으로 안부를 전합니다. 무엇보다 추석동안 다들 건강하신지? 또 추석 이후의 오늘 토요일의 상황은 괜찮은지? 하는 안부와 염려의 물음을 하게됩니다. 부디 이번의 위기를 잘 이겨내어 건강도 생업도 다시 회복되고, 무엇보다 성전에 모여 예배드리는 꿈(?)같은 일이 곧 이루어지기를 간구합니다.

이제 이전의 당연한 것도 꿈이 되는 시간을 살고 있지만, 하지만 동시에 이전의 것 또한 결코 당연한 것이 아닌 정말 꿈같은 시간이었음을 그래서 불평과 원망의 마음이 아닌, 오히려 인내와 감사의 시간이 되시길 축복합니다. 지난주일 막을 내린 [룻기]를 현대어로 번역한 한 성경에서는 그 마지막 장면을 이렇게 고백하고 있습니다. "아, 나오미에게 이런 날이 오다니? 그렇게 참고 견디더니 정말 꿈같은 시간이 다시 왔도다."(룻4:14)

모든 것을 당연하게 여긴 것이 교만이었음을 그래서 시대와 사회 또 누군가를 향해 끊임없이 던지는 원망의 마음이 아닌, 스스로를 돌아보는 신실한 마음이 어느 때 보다도 필요합니다. 이해인 수녀님이 암 수술을 마친 후, 30번이 넘는 항암의 치료 가운데서 썼던 시가 있는데, 제목이 [어떤 결심]입니다. 대단한 결심인가 했더니 별거(?)가 아니어서 그런 가 했는데, 십수번을 읽고 또 되씹고 나서야 저의 모습이 보여 많이 부끄러웠습니다.

　무엇보다 "어떤 경우에도/ 남의 탓을 안 하기로 했다"는 대목에서 그만 걸리고 말았습니다. 마치 주님께서 제 마음을 다 보시고 "이제 그만할 때도 되지 않았니?" 말씀하시는 것 같습니다. 늘 내가 기준이 되어서 세상과 사람을 보는 것이 아직도 바뀌지 않고 있음입니다. 누군가를 지적하고 탓을 돌리는 생각과 말은 우리를 주님과 멀어지게 하는 원흉임에도, 이놈의 끈질긴 영혼의 보챔은 언제 끝날지? 결국 또 다시 들켜 버렸습니다.

　그래서 더 간절히 기도드리게 됩니다. 어려운 때이지만 부디 주님의 마음으로 이겨내시길, 오히려 이때에 순결한 영과 겸손한 마음으로 다시 옷입으시길. 무엇보다 마음과 몸이 많이 아프신 분들께 경제적으로 어려움 가운데 계신 분들께, 지금 어떤 결심으로 인해 주님 앞에 엎드린 분들께 이 시를 드립니다. 부디 수녀님에게 주신 주님의 마음을 가지고 다시 웃으시며 일어나시기를, 우리 모두 그렇게 하루씩, 한순간씩 살기를 기도드립니다.

　마음이 많이 아플 때/ 꼭 하루씩만 살기로 했다

몸이 많이 아플 때/ 꼭 한순간씩만 살기로 했다

고마운 것만 기억하고/ 사랑한 일만 떠올리며

어떤 경우에도/ 남의 탓을 안 하기로 했다

고요히 나 자신만/ 들여다보기로 했다

내게 주어진 하루만이/ 전 생애라고 생각하니

저만치서 행복이 웃으며 걸어왔다. (2020.10.4)

나의 묵상

▌혹시 내가 누군가를 비방하거나 뒷담화 할 때는 언제입니까?

예수께서 그리스도이심을 믿는 자마다 하나님께로부터 난 자니
또한 낳으신 이를 사랑하는 자마다 그에게서 난 자를 사랑하느니라 _ 요일 5:1

부디 같은 간절함으로 읽고 함께해 주십시오.

요즘 묵상하는 고린도교회는 늘 안과 밖으로 여러 도전과 어려움이 있었습니다. 물론 그 뒤에는 자신들의 생각과 잘못된 가르침이 있었지만, 바울은 그들을 아비의 마음으로 권면합니다. 무엇보다 기근으로 어려워진 예루살렘교회를 위한 헌금이 지연되는 것에 대해 다시 부탁합니다. 그는 이것이 돈의 문제가 아닌 그들과 하나님과의 관계라고 생각했기 때문입니다.

그래서 고린도교회에 디도와 두 형제를 보내는데, 디도를 이렇게 소개합니다. "자신과 같은 간절함을 디도에게 주신 하나님께 감사한다"(고후 8:16). 실제로 디도는 누구보다도 바울의 간절함, 즉 복음으로 인한 외로움과 고독함, 책임감으로 인한 영적 가슴앓이를 잘 알고 있었습니다. 바울은 그러한 그를 자신의 친구요 동역자라고 고백합니다.

고린도교회는 다시 마음을 모읍니다. 그러나 이것이 쉬운 일이 아니었던 것이, 당시 그 지역도 흉년으로 어려움 가운데 있었기 때문입니다. 그때 바울은 인근 마케도냐 교회들이 보여준 모습을 가지고 고린도 교우들을 격려합니다. 놀랍게도 그들은 "극심한 가난 가운데서도 넘치는 기쁨과 무엇보다 힘에 지나도록 자원하는 마음으로"(고후8:3) 감당했던 것입니다.

이 말씀을 묵상하면서 감동이 밀려왔습니다. 사실 작금의 우리교회 상황도 크게 다르지 않기 때문입니다. 온 나라가 어려움을 겪는 가운데 우리교회만 또 우리교우들만 예외가 될 순 없겠지만, 교회의 모습을 날마다 지켜봐야 하는 담임목사로서의 지난 9개월의 시간은 참으로 쉽지 않은 시간들이었습니다. 비대면 예배에 대한 안타까움은 물론, 성도들의 삶의 무게가 고스란히 느껴져 그저 엎드려 주님의 이름만 부르는 날들이 많았습니다.

그런 가운데 후반기에 들어와서는 좀 더 현실적인 문제에 봉착하게 되었습니다. 바로 헌금의 급속한 하락입니다. 자연 교회의 운영과 사역에도 영향을 미치게 되었는데, 재정부의 보고에 따르면 생각보다 심각합니다. 나라가 이렇고 교우들의 생업이 힘드니 당연하겠지 할 수 있겠지만, 그 전에 이 부분에 대한 '같은 절실함의 마음'이 필요하기에, 무엇보다 교회를 사랑하는 분은 교회의 사정을 루머가 아닌 기도와 책임으로 들으시기에 함께 나눕니다.

먼저, 지난 9개월 동안 동일한 재정적 헌신을 보여주신 여러분들께, 또 계속되는 비대면의 시간 속에서도 한 마음이 되어 주신 여러분들께 깊은 감사를 드립니다. 그러나 조금만 더 힘을 내었으면 합니다. 지금의 상황을 당연한 결과로, 다 어려우니 우리교회도 그렇겠지, 나도 힘든데 라고 체념하지 말자는 것입니다. 재정의 문제는 돈의 문제가 아니라, 교회의 영적상태와 또 교우들이 갖고 있는 믿음의 모습을 보여주는 '바로미터'이기 때문입니다.

이미 최선을 다하시는 여러분들과 근래에 재정적 어려움에 계신 분들께 죄송한 마음으로 이 글을 씁니다. 교회의 재정적 회복을 위해 '같은 간절함으로' 기도해 주시고 마음을 모아 주십시오. 기꺼이 조금만 더 사랑의 짐을 져 주십시오. 올라가는 것은 어려워도 내려가는 것은 어렵지 않습니다. 또 한 번 내려가면 다시 올라가기가 쉽지 않습니다. 저도 이번 한 주간, 기도원에 올라가 기도하겠습니다. 주님의 긍휼을 구하며, 다시 소망을 붙잡고 내년의 목회계획도 구상하고 내려오겠습니다. 부디 같은 간절함으로 기도해 주시고 함께 해 주십시오.(2020. 10.11)

여호와께서 집을 세우지 아니하시면 세우는 자의 수고가 헛되며
여호와께서 성을 지키지 아니하시면 파수꾼의 깨어 있음이 헛되도다 _ 시 127:1

그냥 되는 것은
아무것도 없습니다.

저는 오늘 금요일 아침에 기도원에서 이 글을 쓰고 있습니다. 먼저, 지난 한 주간 '같은 간절함으로' 기도해 주신 여러분들께 깊은 감사의 마음을 전합니다. 가만 보면, 하나님은 그 어떤 것도 그냥 되도록 하지 않으십니다. 꼭 먼저 온 마음으로 기도하게 하십니다. 설령 그냥 된 것처럼 보여도 결국 누군가의 기도 때문이었음을 알게 하십니다. 한 주간 기도하면서 주님의 일하심은 또 교회의 세워짐은 필히 기도를 통해서만이, 그것도 온 교회가 함께 기도함으로 이루어지게 하고 회복시켜 주신다는 것을 다시금 분명히 깨달을 수 있었습니다.

돌아보면, 이번의 기도도 제가 원한 것은 아니었습니다. 사실 그 동안 지친 마음과 육체에 조금이나마 쉼을 주고 싶었습니다. 그런데 주님의 생각은 다르셨습니다. 다시 마음을 모으게 하시고 다시 무릎 꿇게 하셨습니다. 모든 생각과 고민을 주님께 올려드리게 하시고, 말씀을 통해 응답을 보게 하시고, 찬양하고 선포하게 하시고, 감사로 올려드리는 일들을 며칠 동안 계속 반복하게 하셨습니다. 그리고 감사하게도 이번 한 주간 왜 주님께서 기도하게 하셨는지를 알게 하시고, 또 우리교회가 직면한 문제와 나가야 할 길도 보여주셨습니다.

그렇습니다. 하나님은 교회가 어려울 때, 성도들의 삶이 핍절할 때, 지혜가 사라지고 길이 보이지 않을 때, 중요한 결정을 내려야 할 때, 다음 단계를 준비하게 하실 때, 무엇보다 마귀의 궤계가 있을 때 꼭 기도하게 하십니다. 홀로 기도하게 하시고, 또 함께 기도하게 하십니다. 위기 속에서 교우들이 어떻게 하나가 되어야 하는지, 그러한 가운데 주님의 포도원을 허무는 여우는 어떻게 공동체를 어렵게 하고 분열시키는지, 기도를 통하여 분별하게 하십니다. 그래서 당신의 교회가 위기 속에서 다시 일어나 상생과 갱신의 길을 걷게 하십니다.

그리고 이번에 기도하면서, 감사하게도 저 자신에 대해 다시금 목회적 가치를 세우는 것에 마음에 모을 수 있었습니다. 이번 동기는 지난 주 금요 성령집회 [고린도후서] 말씀을 준비할 때 우연히 발견한 10여 년 전 묵상 노트 때문이었습니다. 당시 바울의 목회철학을 5가지로 정리하면서 이렇게 살아야지 했던 것인데, 다시 보니 마음이 뜨거워졌습니다. 바라기는 우리교회 모든 목회자들과 또 우리 모든 교우들의 성경적 가치와 삶의 철학을 세우는데 도움이 되었으면 좋겠습니다. 평생 하나님의 기쁨이 되어 살았던 사도 바울처럼 말입니다.

1. 초심을 잃지 말되, 초보에 머물지 말아라.

2. 고난을 필히 성장의 기회로 삼아라.

3. 깊고 넓은 아비의 마음을 가져라.

4. 하나님께 진실하고, 타인에게 관용하며, 자신에게 정직하라.

5. 날마다 처음처럼, 날마다 마지막처럼.

그리고 한 가지, 덧붙이고 싶은 것이 있다면, "기도하고 기도하고 또 기도하라."입니다. 이것이 위의 것의 배경과 결론이 되도록 말입니다. 결국 치열한 생각과 고민들은 묵상을 통과하여 최종 목적지인 기도에 이르게 됩니다. 생각과 고민과 묵상의 횟수가 차별을 만듭니다. 그리고 그 모든 것이 마침내 주님께 올려드리는 기도가 됩니다. 그렇습니다. 기도 없이 아무 것도 되지 않기에 주님은 우리로 꼭 기도하게 하십니다. 이것이 주님의 일하심입니다. (2020. 10.18)

나의 묵상

▮ 나는 지금 기도하고 있습니까?

여호와께서 그의 앞으로 지나시며 선포하시되 여호와라 여호와라 자비롭고 은혜롭고
노하기를 더디고 인자와 진실이 많은 하나님이라 _ 출 34:6

그래, 잘 준비하면서 잘 살 아야겠구나

지난 화요일 [에브리데이 큐티] 때 잠간 말씀을 드리면서 중보기도 부탁을 드린 자매 분이 계십니다. 미국에서 목회할 때 교우셨는데, 당시 자매님은 가족들의 권면으로 남편과 함께 교회에 오셨었습니다. 당시 아이들이 어린 젊은 분들이었지만, 감사하게도 예수님을 영접하고 믿음생활을 잘하셔서 두 분 다 집사님이 되셨습니다. 무엇보다 아내 되시는 집사님은 밝고 명랑한 성격으로 매사에 열심이어서 더 기억에 남는 분이었습니다.

그렇게 시간이 흘렀는데, 얼마 전 아내 집사님이 투병 중에 있다는 소식을 접하게 되었습니다. 한국에 잠시 나와 검사를 받는 가운데 뜻밖의 림프암 말기라는 진단을 받은 것입니다. 그리고 지난 두 달 동안 다른 장기로까지 암세포가 퍼져 항암치료도 어렵게 되었다는. 지난 시간 그렇게 건강한 사람에게 갑자기 일어난 일이었기에, 본인은 물론 남편을 비롯한 가족들이 얼마나 놀라고 당황했을까 짐작이 가고도 남습니다.

지난 30년 목회하면서 적지 않은 일들을 만났는데도, 이런 일을 만나면 마치 처음 겪는 것 같이 느껴지는 것은 무슨 연유일까요? 그리고 그렇게 지난 월요일, 아주 많이 야위어진 집사님을 그녀의 친정어머니 집에서 만날 수 있었습니다. 마치 오랜만에 친정 오빠를 만난 것처럼, 주사바늘을 꽂은 채로 환하게 웃는 모습에 마음이 너무 아파 울음을 참느라 힘들었습니다.

환우심방을 왔으니 목사가 당연히 말씀을 주고 기도해야 하는데, 너무 힘이 들었습니다. 정이 들었던 사람에겐 또 죽음을 한 번도 생각해 보지 않았던 사람에겐 고통스럽기까지 합니다. 그러나 이미 주님께서는 집사님의 마음을 만지고 계셨고, 놀랍게도 집사님은 눈물로 그러나 너무도 평온하게 말씀을 받기 시작했습니다. 죽음 앞에서 말씀을 받기란 쉽지 않았을 터인데...

사실 우리 모두는 나하고 죽음과는 관계없다고 생각하고 삽니다. 주님께서 집사님에게 한 번 더 생명을 주신다면 너무도 감사한 일이지만, 그러나 그 역시도 잠깐(?) 연장될 뿐입니다. 결국 그도, 우리도 그 길을 가야 합니다. 성경의 말씀처럼, 이 길에서 면제된 사람은 아무도 없기 때문입니다. 그래서 죽음은 그 길을 가는 그 뿐 아니라 남아있는 자들에게도 크나큰 상실과 슬픔이지만, 그럼에도 불구하고 이 죽음은 '하나님께로 가는 유일한 길'이기도 합니다.

이런 면에서 성공회 신부요 영성작가인 헨리 나우웬은 이 죽음을 가리켜 '가장 위대한 선물'이라고 했습니다. 실제로 그가 마지막으로 남긴 책의 주제는 [죽음-가장 큰 선물]이었습니다. 그는 이 책을 쓴 이유를 "참으로 사랑했던 이들에게 하나님이 주신 최고의 선물인 죽음과 친해지는 일에 대해 쓰고 싶었다."고 했습니다. 바울 또한 지금 삶과 죽음 사이에 끼여 살고 있는 자신에게 죽음은 '더 좋은 일'이라고 고백하기도 했습니다.

왜냐하면 우리는 '죽음으로 이 세상을 떠나' '그리스도와 영원히 함께 있을 것'이기 때문입니다. 그래서 죽음에 대한 최상의 준비는 '지금' '여기에서' '그리스도와 함께 있는 것'이 얼마나 좋은 일인지를 미리 경험하고 학습하는 것입니다. 그래야만 죽음과 친해질 수 있습니다. 이것을 시인 천상병은 "아름다운 이 세상 소풍 끝나는 날, 가서 아름다웠다고 말하리라"라고 했던 것입니다... "그래, 잘 준비하면서 잘 살아야겠구나" 내내 되새겼던 한 주간이었습니다.(2020. 10.25)

나의 묵상

▌나는 죽음을 어떻게 준비하고 있습니까?

이스라엘아 들으라 우리 하나님 여호와는 오직 유일한 여호와이시니
너는 마음을 다하고 뜻을 다하고 힘을 다하여 네 하나님 여호와를 사랑하라 _ 신6:4-5

고난은 감사로,
감사는 다시 기도로

오늘은 지난 한 해를 돌아보며 감사하는 [추수감사주일]입니다. 올해의 추수감사절은 정말 어느 해 보다도 더 절실하고 감격스런 날 인 듯싶습니다. 코로나19라는 듣도 보도 못한 일로 인해 온 나라는 물론 성전까지 문을 닫는 초유의 일까지 있었습니다. 보이지 않는 바이러스 한 방에 그 동안 우리가 자랑하고 누리던 것이 정말 아무 것이 아니라는 것을 절감하였던, 더욱 주님의 긍휼을 간절히 구하는 시간이었습니다.

그래서 더 감사가 큽니다. 실제로 감사는 고난 속에서 꽃을 피웁니다. 그 고난 속에서 오히려 하나님을 믿음이 더 커집니다. 우리나라의 초창기 복음의 역사도 이를 증명합니다. 1900년대 초의 우리나라는 암울 그 자체였습니다. 국권은 상실되었고 교회는 너무도 연약했으며 전염병까지 창궐하여 희망이란 단어조차 사라졌습니다. 그런데 그때 교회는 기도하기 시작했고, 그 기도는 온 나라를 다시 살리는 기적으로 연결되었던 것입니다.

결국 고난 속에서의 감사가 역사를 바꾸는 계기가 되었던 것입니다. 그래서 이번 코로나도 힘든 것으로만 멈추지 말고, 오히려 더 각별하고도 특별한 감사로 나갔으면 하는 간절함이 있습니다. 즉, 이번 코로나의 시간이 오히려 '고난에서 감사로' 그리고 다시 '감사에서 기도로' 이어지는 회복의 시간이 되어야 함입니다. 부디 오늘 감사와 감격의 예배가 또 인색하지 않은 풍성한 감사의 봉헌이 여러분 가운데 넘치시기를 축복합니다.

이런 가운데 또 감사드리는 것은 지난 한 주간 동안 새벽을 깨워주신 여러분들의 순종입니다. 감사는 필히 기도로 가야함에도, 여러 상황들이 만만치 않아서 어떻게 해야 하나 또 몇 분이나 오실 수 있을까 했는데, 새벽 4시30분부터 오셔서 묵묵히 기도의 잔을 채우시는 모습은 감사 그 자체였습니다. 원로장로님들로부터 청년들까지 너무도 귀하고 아름다웠습니다. 기도하는 모습이 지금도 제 눈에 이러한데 우리 하나님이 얼마나 기뻐하셨겠습니까?

사실 지금은 '다시 기도할 때'이고, 그래서 [작정기도]와 [중보기도]가 더 필요한 때입니다. 기도하시는 분들은 이것을 직감합니다. 나라적으로도, 교회적으로도, 가정적으로도, 무엇보다 여러분들 개인적으로도 간절한 기도 제목들이 많을 것입니다. 또한 오늘과 다음주일에 있는 [새생명축제]에 오실 영혼을 위한 기도도 중요할 것입니다.

그래서 이번 한 주간의 새벽기도도 제가 인도하면서 깨우고자 합니다. 시간은 원래대로 5시30분으로 하겠지만, 가능한 성전에 나오셔서 기도의 양을 채우시기 바랍니다(5시부터 성전문이 열립니다). 하나님은 분명 가장 좋은 것으로 응답해 주십니다. 성령께서 기도의 마음을 주실 것이며, 말씀으로 우리의 마음과 생각을 새롭게 하실 것입니다. 부디 환경이나 육체의 문제에 걸리지 말고, 특새에 이어서 새벽을 이어가시기를 부탁드립니다.

기도의 마음을 주실 때는 순종하면 좋습니다. 지금은 모르지만, 조만간 알게 될 것입니다. 그렇게 교회가 또 우리가 기도한다면, 생각지 못한 기도의 값과 응답의 기쁨을 누리게 될 것입니다. 오늘 추수감사주일 아침, 하나님께 영광 돌리고 올 한 해 동안 수고하신 여러분 모두에게 진심으로 감사드립니다. 하늘 복 많이 받으시기 바랍니다. 사랑하고 축복합니다. (2020.11.15)

나의 묵상

■ 새벽을 다시 깨우고 싶지 않습니까?

그는 근본 하나님의 본체시나 하나님과 동등됨을 취할 것으로 여기지 아니하시고
오히려 자기를 비워 종의 형체를 가지사 사람들과 같이 되셨고 _ 빌 2:6-7

1승이 중요합니다'

지난 특새 때 '원형선회'(circular mill)란 말을 나눈 적이 있습니다. 이 말은 1900년대 초 남미의 개미들의 군집생활을 하는 중 큰 원을 그리다가 결국 죽어가는 모습을 관찰한 과학자들에 의해 명명된 용어입니다. 어떻게 이런 일이 가능할까 연구한 결과, 앞에 있는 개미가 흘린 화학 액체에 의해 뒤에 있는 개미들이 무의식적으로 따라가게 되면서 급기야 출구가 없는 원을 그리게 되는데, 결국 계속 돌다가 지쳐 죽는 일이 일어난 것입니다.

이후 이 '원형선회'란 말은 여러 영역에서 쓰였습니다. 국가적인 측면에서는 반복되는 가난과 질병의 후진적 상황의 반복되는 이유로 또 심리학에서는 중독이나 금단현상의 고리에서 벗어나지 못하는 모습에 대해서도 적용되었습니다. 그리고 무엇보다도 가정이나 공동체의 경우 지난 시간의 좋지 않았던 경험이 어느 때부터 구성원들에게 트라우마로 남아 힘든 시간을 보내게 되는 경우입니다. 자신도 모르는 사이 그것에 매이게 됨입니다.

그런데 이 악순환의 원형선회가 어떻게 온전히 종결될 수 있을까요? 이 것을 확실하게 끊을 수 있게 하는 것은 무엇일까요? 바로 복음, 즉 예수님 의 십자가입니다. '아직' 죄인 된 우리를 위해 그분께서 '이미' 죽으심으로 구원과 회복의 길을 열어주신 것입니다. 이것이 성경 전체의 주제인 것입니다. 그래서 여전히 원형선회라는 죽음의 길을 자신도 모른 체 걷고 있는 우리에게 출애굽의 길인, '생명의 선순환의 길'을 보여주신 것입니다.

그렇다면 그 복음을 믿는 우리가 해야 할 일은 무엇일까요? 제가 좋아하는 세 단어의 조합이 있는데 바로 Chance(기회), Choice(선택), Change(변화)입니다. 기회가 주어졌을 때, 올바른 선택을 하여 변화를 가져오는 것입니다. 복음은 모든 사람에게 주어진 '기회'입니다. 원형선회라는 원하지 않는 악순환의 고리에 걸려있는 사람과 그 사람이 속한 공동체에게는 절호의 찬스입니다. 그럼 어떻게 이 기회를 나의 것으로 만들 수 있을까요?

바로 "1승이 중요하다"고 말하고 싶습니다. 주님의 눈으로 보면, 저와 저의 가정은 이겨본 적이 없을 정도로 원형선회의 고리는 깊고 끈질겼습니다. 그래서 복음의 기회가 왔을 때, 그것을 온전히 '선택'하는 것이 얼마나 중요한지를 알았습니다. 그런데 그 순간 가장 절실한 것은 몇 년 앞이나 장래 일이 아니라, '오늘 하루만' '이번에만' '올 한 해만' 이라는 오직 1승을 하는 것이었습니다. "내일 일은 난 몰라요 하루하루 살아요"처럼.

"그래, 내일 일은 생각 말고, 하루만 견뎌보고, 하루만 죄 짓지 말고, 하루만 최선을 다해 보고, 하루만 이겨보자"... 주님의 교회를 향한 마음도 같았습니다. 교회에 아무리 좋은 사람들이 많고 좋은 건물이 있다 해도 또 미래를 위한 장기계획을 세워도, 교회마다 그 교회만이 가지고 있는 치명적 원형선회가 있음을 알게 되었습니다. 그때마다 기도했습니다. "주님, 교우들이 이번 한 번만 넘어보게 해 주시고, 올 한 해만 이겨보게 해 주세요."

놀랍게도 1승을 하니, 2승도 하게 되고, 2승을 하게 되니 3승도 하게 되어, 이전의 행복과 기쁨이 기억나는 것입니다. 그리고 마침내 '변화'가 일어났습니다... 오늘은 당회가 있습니다. 누군가의 당락이 차원이 아닌, 우리 모두의 변화를 위한 1승의 당회가 중요합니다. 아멘. (2020. 11.22)

나의 묵상
▌최근에 1승을 해 본 경험이 있습니까?

기드온이 그들에게 이르되 내가 너희를 다스리지 아니하겠고 나의 아들도 너희를 다스리지 아니할 것이요 여호와께서 너희를 다스리시리라 하니라 _삿 8:23

거울은 먼저 웃지 않습니다

일본의 한 유명한 크리스챤 작가가 자신의 어린 시절의 아픔과 자기가 걸어온 길을 이야기한 적이 있었습니다. 그는 어린 시절 갑작스런 아버지의 죽음 이후, 성격이 아주 어둡고 폭력적으로 변하게 되었답니다. 죽고 싶고 누군가를 죽이고 싶은 마음과 함께 세상을 원망하고 저주하며 살았습니다. 그러던 어느 날 그런 그를 안타깝게 본 학교 선생님의 말이 그의 인생을 바꾸게 하였습니다. '케노스케 군, 거울은 먼저 웃지 않는다네!'

이 말은 부드럽지만 날카로운 칼이 되어 그의 영혼에 꽂혔습니다. 이후 그는 다시 공부를 시작했고, 결혼 후 그의 아내 덕분에 신앙생활도 시작했습니다. 그는 하나님께서 자기에게 '웃음과 글'이라는 선물을 주신 것을 알게 되었습니다. 내가 먼저 웃어야 거울도 웃게 됨을, 무엇보다 자기처럼 웃지 못한 체 살아가는 사람들의 거울에도 웃는 모습이 그려지도록, 그들의 마음을 만지는 따뜻한 글을 쓰는 이가 될 것을 꿈꾸었다고 합니다.

요즘 어느 때 보다도 '웃음과 글' 아니 '넉넉함과 위로함'이 필요한 때를 지나고 있습니다. 그러나 현실은 만만치 않습니다. 스스로 웃지 않는 거울 앞에서 애써 웃어보려고 하지만 쉽지 않습니다. 다시 세 번째 셧 다운으로, 코로나는 온 나라와 국민들은 물론 주님의 교회와 교우들의 마음까지도 꽁꽁 얼어붙게 하고 있습니다. 다른 사람들이나 다른 교회의 얘기인 줄 알았던 코로나 확진과 그로인한 검사가 두 주째 이어지고 있습니다.

이런 가운데 다시 지난주일 말씀을 다시 묵상하였습니다. "하나님이여 내 마음을 정하였사오니 내가 노래하며 나의 마음을 다하여 찬양하리로다"(시108:1) 말씀 드린대로 이 말씀의 원어적인 해석은 "하나님께서 나의 마음을 정하게 하셨으니 내가 당신을 전심으로 노래하며 찬양하겠습니다"입니다. 다윗은 주님께서 자신에게 당신의 마음을 주셔야만, 아무리 어려운 상황에서도 노래하고 찬양할 수 있다는 것을 알았던 것입니다.

그리고 오는 주일에 묵상하게 될 시편 3편의 말씀에는 더 놀라운 말씀이 나옵니다. 다윗은 하나님이 주신 마음으로 그 곤고한 때에 이렇게 노래합니다. "내가 잘 자고 다시 깨었으니 밤새도록 여호와께서 지켜 주셨음이라"(시3:5/현대인성경). 정말 놀랍지 않습니까? 이처럼 팔자 좋은 사람이 세상에 어디 있습니까? 앞절에서는 대적이 즉, 염려와 근심이 너무 많아 힘들다고 하고 심지어 자신을 치는 자까지 있다고 했는데 말입니다.

바로 자기의 주님이 밤새도록 자신을 지켜주심을 알기에 단잠을 잘 수 있다는 것입니다. 구원이 오직 그분께 있음을 그는 온전히 믿었던 것입니다. 이 믿음을 하나님이 다윗을 귀하게 본 것입니다. 다시 어려운 시간을 맞이하고 있지만, 주님께서 여러분의 마음을 만져주고 계심을, 그로인해 여러분의 마음 안에는 이미 주님의 넉넉함과 위로함이 있음을 잊지 마십시오. 주님께서 곤고한 가운데서도 우리에게 꼭 단잠을 주심입니다.

자, 거울을 보십시오. 다시 환하게 웃어주십시오. 거울이 여러분에게 다시 화답할 것입니다. 그리고 간절한 마음으로 함께 기도해 주십시오. 우리나라와 우리교회를 주님께 올려드리십시오... 벌써부터 여러분들의 환한 미소가 그리워집니다. 어떤 일이 와도 꼭 견디셔야 합니다. (2020.12.13)

나의 묵상

■ 거울에 비춰진 나의 모습은 어떠합니까?

예수께서 이르시되 나는 부활이요 생명이니 나를 믿는 자는 죽어도살겠고 무릇 살아서
나를 믿는 자는 영원히 죽지 아니하리니 이것을 네가 믿느냐 _ 요 11:25-26

성탄절, 두 가지 마음이면 족합니다

오늘은 성탄주일입니다. 그러나 우리가 지금까지 맞이해 왔던 성탄과는 전혀 다른 모습으로 맞이하고 있습니다. 우리나라만이 아니라, 지구촌의 온 인류가 같은 경험을 하고 있습니다. 아직도 연일 20만 명 이상의 확진자가 쏟아져 나오는 미국은 지난주일 한 성당 앞에서 열린 성탄절음악회에서의 총기 난사로 정신적 공항까지 겪을 정도입니다.

지난 주, 한 교우님이 보낸 문자를 나눕니다. "목사님, 곧 성탄절인데 온 세상이 꼼짝없이 이렇게 되었네요. 이렇게 하나님이 사인을 보내시는데, 하나님을 찾는 이는 점점 줄어드는 것 같구요. 한 끼라도 금식하며 주님의 긍휼을 구하는데 하나님께 너무 죄송한 마음으로 면목이 없습니다. 그래도 주님께서 다시 불쌍히 여겨주셨으면 좋겠습니다..."

그런데 가만 생각해보면, 예수님이 오셨던 처음 성탄의 모습이 지금과 별반 다르지 않았습니다. 우리가 그 동안 세상이 만든 성탄절에 익숙해져서 그렇지, 사실 2000년 전 예수님 탄생 당시는 아무 소망이 없었던 때였습니다. 게다가 그때는 구약과 신약의 중간기로 어느 누구도 더 이상 메시야조차 기다리지 않던 절망과 암흑의 시간이었습니다.

바로 그때에 예수님이 오신 것입니다. 그리고 아무도 관심 갖지 않던 목자들에게, 그것도 한 밤 중에도 양을 지키던 그들에게 당신을 가장 먼저 보여주셨던 것입니다. 그래서 지금은 사라졌지만, 우리의 성탄절 기억에 있는 것이 바로 새벽송입니다. 어려운 가운데서도 묵묵히 살아가는 교우들을 찾아가서 예수님의 탄생소식을 전해주었던 것입니다.

다 가난했던 시절, 한 밤중에 예수님의 탄생 찬송은 온 동네에 퍼져나갔습니다. 또 새벽송을 돌면서 집이 멀다고 춥다고 힘들다고 아무도 불평하지 않았습니다. 살기는 어려웠지만 사랑과 위로, 나눔이 있었습니다. 왜 아직도 그때의 성탄이 그리울까요? 모두 다 가난한 마음을 가지고 있었기 때문입니다. 무엇보다 주님을 많이 사랑했기 때문입니다.

그렇습니다. 이 두 가지, '가난한 마음과 주님을 향한 사랑의 마음'만 가지고 있으면 됩니다. 이 두 마음이 성탄에 가져야 할 우리 모두의 마음입니다. 비록 만나지 못하고 함께 예배를 드리지 못할지라도, 우리는 다시 예수님의 오심의 소식을 가장 먼저 듣고 기뻐할 수 있습니다. 그 밤에 묵묵히 자기에게 맡긴 양떼를 지키던 목자들처럼 말입니다.

그래서 부탁드립니다. 첫째, 가난한 마음을 가져 보시고 그 마음을 나눠 보십시오. 그렇기 위해 먼저 내 안에 진정한 감사와 자족의 마음이 회복되어야 합니다. 이 마음이 곤고한 때를 이기게 할 것입니다. 그리고 그 마음을 여러분보다 더 어려워하는 분들에게 나누어 주십시오. 주님께서 가난하고 외로운 목자들을 찾아가신 것처럼 말입니다.

둘째, 주님을 향한 사랑을 다시 회복해 보십시오. 이번 성탄과 연말의 시간을 오히려 주님을 가까이 하는 시간으로 삼아보십시오. 주님 사랑의 마음을 놓치지 마십시오. 묵묵히 자신의 자리에서 예배자와 중보자가 되어 보십시오. 예기치 못했던 뜻밖의 은혜가 여러분 모두에게 임할 것입니다. 하늘의 평화와 땅의 기쁨이 함께 하시기를 기도드립니다. (2020. 12.20)

나의 묵상

▌지금 나의 기도와 사랑이 필요한 분은 누구입니까?

내가 그리스도와 그 부활의 권능과 그 고난에 참여함을 알고자 하여 그의 죽으심을 본받아 어떻게 해서든지 죽은 자 가운데서 부활에 이르려 하노니 _ 빌 3:10-11

코로나 그리고 성탄과 송년

    문득 신학교 때 기독교교육 과목을 가르쳐주셨던 여자 교수님의 말씀이 생각납니다. 그분은 어린 시절 예수님의 어머니인 마리아가 세상에서 가장 행복한 사람이라고 생각했다고 합니다. 이유는 그냥 예수님의 어머니이시니까. 요즘 말로 너무도 쿨하니까. 그런데 여인이 되고 어머니가 된 후에는 생각이 달라지셨다고 합니다. 예수님 탄생 기사를 읽을 때마다 가슴이 조여오고 아파지기 시작했답니다. 남자를 알지 못하는 어린 마리아에게 나타난 천사의 말씀 "네가 잉태하여 아들을 낳으리" 그 충격이 얼마나 컸을지 느껴지기 시작했답니다.

    사실 마리아의 고통만 있는 것은 아니었습니다. 그의 정혼자 요셉의 마음은 어땠을까요? 그렇게 믿고 사랑했던 마리아가 '다른 이'(?)의 아이를 가졌다니, 꿈이었으면 했을 것입니다. 착한 요셉은 조용히 파혼하여 마리아도 구해주고 싶었을 것입니다. 그런데 그날 밤 주의 사자가 말합니다. "다윗의 자손 요셉아 네 아내 마리아 데려오기를 무서워 말라 그에게 잉태된 자는 성령으로 된 것이라" 도대체 어디까지 믿어야 하는 것일까?

놀랍게도 요셉은 주의 천사의 분부대로, 마리아를 데려 오고, 예수님을 낳기까지 동침하지 않습니다. 사람의 몸을 입기 위해서는 어머니와 아버지가 필요하셨고, 그렇게 마리아와 요셉은 택함을 받았건만 그것은 어느 누구도 이해할 수 없는 고통과 아픔이었을 것입니다. 십자가 없는 영광이 없음에도 얼마나 힘이 들었을까 새삼 묵상이 됩니다. 그렇습니다. 구원은 예수님만이 아닌 우리에게도 고난과 고통이라는 댓가를 통과하여 이루어진 것입니다.

이번 성탄과 송년... 그 동안의 마음이 너무 가벼웠음을 이번 코로나를 통해 깨닫게 됩니다. 이제 지난 시간의 성탄과 송년의 모습은 생각에서 지워야 합니다. 곤고해야만 우리를 보게 되지만, 그럼에도 불구하고 다시 우리의 내면을 정직하게 직시해야 합니다. 그리고 마리아와 요셉의 심정을 다시금 새겨보아야 합니다.

제가 좋아하는 작가 미상의 글이 있어 소개해 드립니다. "절벽 가까이로 저를 부르셔서 나아갔습니다. 절벽 끝에 더 가까이 오라고 하셔서 더 다가갔습니다. 그랬더니 절벽에 겨우 발을 붙이고 서 있는 저를 절벽 아래로 밀어 버리시는 것이었습니다. 저는 그만 그 절벽 아래로 떨어지고 말았습니다... 그런데 저는 그때까지 제가 날 수 있다는 사실을 몰랐습니다."

그렇습니다. 이 땅에 있는 우리 모두는 절벽 가까이에 있습니다. 아니 지금 절벽 끝에 계신 분도 있고, 절벽 끝에 겨우 발을 붙이고 계신 분도 있을 것입니다. 그런데, 그런데 말입니다. 그 순간까지 우리가 그분을 의심하지만 않는다면, 우리는 그것이 끝이 아닌 새로운 시작임을 알게 되실 것입니다. 분명 다시 일어나 생각지 못한 하늘까지 날게 될 것입니다.

신학교 교수님의 말씀처럼, 여러분이 느끼시는 마리아와 요셉의 마음을 그분께서 아십니다. 그러니 조금만 더 견디어 보십시오. 분명 올 한 해 우리가 겪었던 그 아픔과 눈물이 변하여 찬송과 춤이 되는 날을 맞이하게 될 것입니다. 결코 그냥 날게 되는 존재는 없습니다. '코로나 그리고 성탄과 송년'... 이제는 뗄 수 없는 단어이지만, 여러분 모두에게 마리아와 요셉에게 임한 그 은총이 함께 하시길 기도드립니다. 주님의 평화가 여러분과 함께 하시길. (2020. 12.27)

나의 묵상

■ 벼랑 끝에서 다시 날아본 경험이 있습니까?

이 율법책을 네 입에서 떠나지 말게 하며 주야로 그것을 묵상하여 그 안에 기록된 대로
다 지켜 행하라 그리하면 네 길이 평탄하게 될 것이며 네가 형통하리라 _ 수 1:8

2021

'흐르는 강물처럼'
(River runs through it)

새로운 해를 몇 시간 앞둔 지금, 문득 영화 하나가 떠올랐습니다. 배우 브래드 피트가 주연한 '흐르는 강물처럼'(1992년)입니다. 1920년대 미국 몬태나 주에 살던 매클레인 목사 가족의 일대기를 그린 영화로, 원작은 훗날 시카고대의 교수가 된 큰아들 노먼 매클레인이 쓴 자전적 소설입니다. 어느 가정이 다 그렇듯, 기쁘고 슬픈 사건이 일어납니다. 이 영화의 분수령은 작은 아들 폴의 죽음입니다. 아들의 죽음은 그야말로 모든 것이 정지되는 큰 충격입니다.

이런 가운데 영화는 이전에 아버지 매클레인 목사와 두 아들이 블랙풋 강에서 연어 낚시를 하던 행복한 장면을 오버랩하면서 마무리 됩니다. 메시지는 명확했고 단순했습니다. 그럼에도 블랙풋강의 강물은 여전히 흐르고, 인생도 계속된다는 것입니다. 이런 표현이 맞을지는 모르겠지만, 마치 세월을 도둑(?)맞은 것 같은 2020년 한 해는 모든 것이 멈추어진 시간이 었습니다. 세상도 그랬고 교회도 그러했고, 당연히 사람들도 멈추어 설 수밖에 없었습니다.

그리고 우리는 다시 새로운 시간, 아무도 밟지 않고 경험해보지 않은 2021년도를 시작하고 있습니다. 물론 코로나19의 확산세가 죽지 않고 가파러 새해에 대한 새 소망마저 갖기 어려운 때이지만, 그럼에도 불구하고 지금도 여전히 강물은 흐르고 인생은 계속됨입니다. 코로나19가 세상을 잠시 멈추게 해도 삶과 역사까지 멈추게 할 수는 없기 때문입니다. 이것은 전염병보다 훨씬 크신 하나님의 일하심이기 때문입니다. 우리의 근본적인 소망이 여기 있습니다.

보통 '살아간다'는 말보다 '살아낸다'는 표현을 쓰는 이유도 그러합니다. 아무리 삶을 정지시키는 장애물이 많아도 끝까지 버티며 앞으로 나가는 생명의 고집이 우리 안에 있습니다. 이것을 가리켜, 하나님께서 부르실 때까지 살아내는 '원초적 사명'이라 합니다. 그래서 하나님은 그럼에도 흐르게 하시고, 결국에 성취되게 하십니다. 이것이 하나님의 뜻입니다. 결국 그리스도인은 멈추게 하는 상황 속에서도 부단히 흐르는 주님의 뜻을 찾는 자입니다.

출판업계에서 하는 말입니다. "최소 3년 뒤를 내다봐야 종이꾼이다." 3년이 뭐 대단하다고 그런가 하겠지만, 이 말은 요즘의 흐름을 대변하는 말입니다. 그만큼 가볍고 호흡이 짧은 책들이 대세를 이루고 있는 시대에 대한 반론으로, 무릇 책이란 최소한 3년의 내일을 얘기해 줄 수 있고, 또한 그렇게 독자들을 기다려주어야 한다는 말입니다. 쉽게 절망하고 포기하여 아무리 쉬운 답을 찾는다 하여도, 앞을 내다보고 기다릴 줄 아는 혜안이 필요함입니다.

'흐르는 강물처럼' 그렇게 주님은 다시 흐르게 하시고 성취해 나가실 것입니다. 그런데 그 가운데 우리가 해야 할 일이 있습니다. 주님의 일하심을 신뢰하면서, 그 가운데서 일하시는 주님의 뜻을 찾아 그것이 무엇인지를 분별하는 것입니다(엡5:17). 아무리 절망적인 현실이 계속된다 하더라도, 묵묵히 긴 호흡을 가지고 새로운 2021년을 맞이하는 것입니다.

아들을 잃고 강단에 선 매클레인 목사가 설교 중에 한 감동적인 대사가 떠오릅니다. "우리는 서로 이해할 수 없는 사람들과 산다는 걸 알아야 합니다. 그렇다 해도 우린 사랑할 수 있습니다. 완전한 이해 없이도 우리는 완벽하게 사랑할 수 있습니다. 그것이 주님이 원하시는 것입니다"... 새로운 해 2021년, 주님의 은총이 여러분과 함께 하시길 기도드립니다. (2021. 1.3)

나의 묵상

▌나는 인생을 어떻게 바라보고 해석하고 있습니까?

내가 다시는 여호와를 선포하지 아니하며 그의 이름으로 말하지 아니하리라 하면 나의 마음이 불붙는 것 같아서 골수에 사무치니 답답하여 견딜 수 없나이다 _ 렘 20:9

하루의 시작과 마지막, 눈크 디미티스(Nunc Dimittis)

하루의 시작과 마지막이, 아니 인생의 시작과 마지막이 기도의 자리라면 그래서 그렇게 주님과 동행한다면 이 보다 더 귀한 사람이 어디 있을까요? 계속 성전에 모이지 못하는 시간이 길어질수록 이러한 기도에 대한 목마름을 갖게 됩니다. 바로 우리가 요즘 묵상하고 있는 누가복음 2장에 나오는 성전에서 예수님을 만난 시므온과 그의 마지막 기도인, '눈크 디미티스(Nunc Dimittis)의 기도'입니다. 이 기도는 초대교회 이후 불려진 찬가 중의 하나로, 하루를 혹은 인생을 또 주어진 사명을 마감하는 기도로도 유명합니다.

이 기도의 배경은 시므온이 성전에 오신 아기 예수님을 안고 드린 축복 기도를 라틴어로 옮긴 성경의 첫 두 단어입니다. "시므온이 아기를 안고 하나님을 찬송하여 이르되 주재여 이제는 말씀하신 대로 종을 평안히 놓아 주시는도다"(눅2:28-29) 당시 제사장도 서기관도 바리새인도 아닌 평범한 촌부였지만, 누가는 그를 성령의 사람, 기도의 사람이었음을 밝히고 있습니다. 그런 그가 아기 예수님을 보게 되자 "이제 저를 풀어주심에 감사드립니다" 혹은 "이제 사명을 다하고 주님께 갑니다"라는 마지막 기도를 드린 것입니다.

무엇보다 이 기도가 우리에게까지 유명해 진 것은 두 사람으로 인해서였는데, 하나는 세계적인 화가 렘블란트(1606~1669)의 마지막 작품이 바로 이 장면 '성전 안의 시므온'(1669)이었기 때문입니다. 그는 자신의 마지막 얼굴을 시므온의 얼굴에 투사하여 그립니다. 즉 자신의 자화상입니다. 그것은 지난 인생 동안 붙잡고 살았던 경쟁과 집착과 소욕 그리고 이 땅에서 얻은 명성과 부, 박수와 갈채를 다 내려놓은 가장 평온한 얼굴입니다. 그래서 이 그림의 소제가 "당신께로 갑니다. 이제 더 이상 아무 바램이 없습니다."입니다.

또 하나는 '재즈의 성인(聖人)'이라 불리는 색소폰 연주자, 콜트레인(1926-1967)의 독백 때문입니다. 뛰어난 재능을 받았지만 젊은 시절 마약에 취해 살았던 그는 죽을 고비를 넘기고 극적으로 주님께 돌아옵니다. 이후 그의 연주는 적지 않은 사람들을 주님께로 돌아오게 하였습니다. 그런 그가 즐겨 연주하던 곡은 '놀라운 그분의 사랑'(A Love Supreme)이었는데, 어느 때 부터인가 그는 이 곡을 연주할 때 마다 마치 마지막처럼 혼신의 힘을 다합니다. 그리고 무대에서 내려와 이 독백을 했다고 합니다. "눈크 디미티스!"

어느 날 부터인가 저에게도 이 기도는 하루의 마감기도가 되었고, 제 인생의 마지막 바램이 되었습니다. 이 기도는 끊임없는 소욕과 보챔 가운데 있는 우리를 새로운 영성의 세계로 초청합니다. 진정한 영성은 어떤 것들에 의해 끌려 다니지 않고, 내 안에 계신 주님의 온전한 다스림을 받는 것입니다. 이때 내 뜻이 이루어지지 않음으로 인한 초조감과 의심에서 나와 "내 주여 뜻대로 행하시옵소서/ 온 몸과 영혼을 다 주께 드리니/ 이 세상 고락간 주 인도하시고/ 날 주관하셔서 뜻대로 하소서"라고 찬양할 수 있게 됩니다.

　그래서 매일 일어나면서 또 잠자리에 들면서 드리는 고백이 있습니다. "눈크 디미티스!(Nunc Dimittis!)... 주님, 오늘도 호흡주시고 이만한 건강주심에 감사드립니다. 무엇보다도 많은 허물과 또 연약함에도 주님의 몸 된 교회와 성도들을 섬길 수 있게 해 주셔서 감사드립니다. 저는 이것 하나만으로도 아무 여한이 없습니다." 아무리 생각해도 감사하고 또 감사할 뿐입니다. (2021. 1.10)

나의 묵상

🔖 나의 마지막 기도가 있다면 무엇일까요?

하나님이 모세에게 이르시되 나는 스스로 있는 자이니라 또 이르시되 너는 이스라엘 자손에게 이같이 이르기를 스스로 있는 자가 나를 너희에게 보내셨다 하라 _ 출 3:14

목사가 많이 부끄럽습니다

　그 동안은 늘 여러분들에게 권면과 도전의 말씀을 드렸지만, 오늘은 저에게 침 뱉는 것 같지만, 목사님들 흉(?) 좀 보겠습니다. 혹시 [포커](poker) 게임을 아시나요? 이 게임이 짧은 시간에 널리 퍼진 것은 체스나 바둑과 달리 상대의 정보를 알 수 없는데서 오는 심리전, 즉 예측과 속임 등의 많은 수가 가능하기 때문입니다. 대표적인 경우가 '블러핑'(Bluffing)인데, 이는 좋지 않은 패로 상대를 속여 배팅을 올리게 하여 이익을 얻는 것입니다.

　어쨌든 이런 포커 게임에서 나온 말 중에 '포커페이스'와 '포커판'이 있는데, 이 두 단어는 이제 세계 공용어가 되어 경제와 정치는 물론 삶에도 보편적으로 사용되고 있을 정도입니다. 먼저, '포커페이스'란 말은 자신이 가진 패를 상대가 읽지 못하도록 표정이나 감정을 가벼이 드러내지 않는 태도를 의미하고, '포커판'이란 자신의 패가 어떠한지와 더불어 상대의 패를 예측하고, 무엇보다 매 순간 일어나는 전체의 '판세'를 잘 읽어야 한다는 것입니다.

웬 포커게임? 하시겠지만, 이번 코로나로 드러난 목사들의 실력이 마치 포커판의 무법자나 혹 초짜 같다는 생각에서 입니다. 간혹 어떻게 목회를 해야 하냐고 묻는 후배들에게 생뚱맞게 하는 말이 있습니다. "능력이 안 되면 눈치라도 있어야 한다." 즉, 교회와 교인들을 어려워하는 눈치만 있어도 최소한 쫓겨(?) 나지는 않고, 무엇보다 보고 살필 줄 아는 것이 그만큼 중요하기 때문입니다. 문제는 저를 비롯해서 목사들 대부분이 이 눈치가 없습니다.

그러면 왜 눈치가 없고 또 눈치를 안 보냐? 먼저는 스스로 잘한다고 생각하는 오만 때문이고 둘째는 강함에서 오는 교만 때문입니다. 그런데 이번 일로 실력이 바닥이 드러났습니다. 사실 성직자 중에서 가장 공부하지 않는 사람들이 목사들입니다. 뻥치는 '블러핑'도 더 이상 통하지 않습니다. 판세가 달라진 것입니다. 교인들의 실력이 높아졌고, 세상은 목사들의 패를 이미 읽고 있습니다. 실력이 없으면 시력이라도 있어야 하는데 난감해진 것입니다.

작금의 천주교나 불교의 포커페이스인 침묵(沈黙)과 부동(不動)은 결코 신부님들이나 스님들에게 깊은 신심이나 순교적 믿음이 없어서가 아닙니다. 그들은 개신교에 비하면 천 년, 백 년의 역사가 깁니다. 즉 지난 시간 속에서 '진짜' 탄압과 박해를 받으면서 여기까지 온 고수(高手)들입니다. 그만큼 멀리 또 길게 보고 온 것입니다. 위로는 하나님의 눈치를, 옆으로는 시대의 눈치를, 아래로는 사람들의 눈치를 보면서 판세를 읽은 진짜 실력자들입니다.

그런데 저를 비롯한 목사들에겐 이런 내공이 없습니다. 마치 홀로 각개 전투하는 장기판의 졸(卒) 같습니다. 신흥종교나 이단의 리더와 별 다를지 않게도 보입니다. 많이 무례하고 가만있지를 못합니다. 그렇게 살아왔기 때문입니다. 뭔가 해서 이루어야 하는 토양이 그렇게 만든 것입니다. 끊임 없는 보챔은 전체를 보지 못하게 하여, 누군가 자신이 구축한 성을 건들면 사생결단을 불사하니, 매스컴 입장에서는 이보다 더 좋은 먹잇감이 없습니다... 어려운 때 일수록 위와 옆 그리고 아래를 부단히 살펴야 합니다. 예배는 생명이지만 부단히 본질과 현상을 살피는 고수(高手)가 되어야 합니다. 늘 스스로에게 "우기지 말아야지" 하지만, 저를 포함한 목사들에게 이 병은 참 치명적입니다. 이미 다 아는 얘기지만 쓰고 나니 더 부끄럽습니다. 그저 주님의 긍휼을 구할 뿐입니다... "키리에 엘레이손!"(주여, 불쌍히 여기소서!) (2021. 1.17)

나의 묵상

■ 나에게 부끄러움은 무엇을까요?

그러므로 형제들아 내가 하나님의 모든 자비하심으로 너희를 권하노니 너희 몸을 하나님이
기뻐하시는 거룩한 산 제물로 드리라 이는 너희가 드릴 영적 예배니라 _롬 12:1

왜 계속 공부해야 할까요?

일생(一生)을 살면서 잘못된 인식이나 경험으로 정말 중요한 가치를 잃어버린 것이 있다면, 그 중 하나는 바로 '공부'일 것입니다. 그렇게 들었던 "공부 좀 해라!" 그러나 생각만큼 되지 않는 자신을 향해서 절망했던, 그래서 빨리 졸업(?)하고 싶었던 단어 '공부.' 그렇게 잠도 안 자고 달달 외워서 시험 보고, 다시 하얗게 잊어버렸던 '공부.' 그 많은 과목들을 공부했건만 기억에 남는 것은 별로 없었던 '공부.'... 정말 이게 공부의 전부일까요?

답은 "결코 그렇지 않다"입니다. 한자로 공부는 장인 '공'(工)과 지아비 '부'(夫)를 써 문자적 의미는 '지아비가 되는 노력'입니다. 즉, '삶을 책임지는 사람이 되기 위한 노력'이라 할 수 있습니다. 그런데 언제부터인가 공부는 그야말로 시험을 위한 인고의 행군이 된 것입니다. 그래서 여전히 나이가 들어도 공부에 대한 보편적인 반응은 "그 나이에 웬 공부?" "아직도 공부하냐?" "에구 생각만 해도 머리가 아프다" "이젠 머리가 안 돌아가"입니다.

그런데 국어사전에 나온 공부의 정의는 의외로 명확합니다. 바로 '어떤 학문이나 기술을 배우고 익힘'입니다. 즉, 진짜 공부는 두 가지가 필요한데, 첫째는, '배우는 것의 즐거움'이 수반되어야 하고, 둘째는, 그것을 반복하여 익힘으로 '자기의 것으로 만드는 과정'이 있어야 한다는 것입니다. 하나는 삶에 대해 열려있는 태도를 의미하고, 또 하나는 그것이 이론이 아닌 삶에 적용될 때, 비로소 '평생 공부하는 인생의 축복'을 누릴 수 있음입니다.

이제 그리스도인으로서 물어봅니다. "우리는 왜 공부해야 할까요?" 먼저는 이것이 나에게 너무도 큰 축복이며, 동시에 우리를 향한 하나님의 마음이기 때문입니다. 건강한 신앙은 하나님 말씀이 내 삶 속에서 체험과 이성으로 공부되는 모든 과정입니다. 그래서 웨슬리 목사님도 신앙의 네 바퀴를 '성경, 전통, 경험, 이성'으로 얘기했던 것입니다. 즉, 진짜 공부는 그 동안 내가 알고 있는 모든 지식이 하나님 말씀 앞에서 종합되는 것입니다.

올해 들어 우리교회에서는 여러분들의 공부를 돕기 위해 [성경통신대학]을 개설하였습니다. 이 공부는 지금까지 했던 성경공부와는 좀 다릅니다. 그저 성경을 읽고 그 성경에서만 답을 찾아 쓰는 과정입니다. 이해와 나눔, 적용이 필요한 일반 성경공부와는 달리 오직 성경말씀이 어떠한지를 본인이 스스로 알아가는 '100% 자습용 공부'입니다. 교사도 없고 시간과 장소의 제한도 없습니다. 신.구약 순서에 따라 한 장 한 장 공부하는 것입니다.

[성경통신대학]은 한 과가 성경 15장으로 이루어졌기에, 만약 한 주에 한 과씩 하신다면, 구약(929장)은 62주, 신약(260장)은 18주, 즉 전체 1년 6개월 정도 걸립니다. 그러므로 현재 우리가 하고 있는 매일성경묵상이나 에브리데이큐티, 금요성령집회(GQS)도 있고 하니, 너무 빨리 해치우려고(?) 하지 마시고, 평생 공부 차원에서 찬찬히 그리고 꾸준히 하시면 좋을 것입니다. 또한 다른 성경본도 참고하시면 더 깊은 이해를 갖게 되실 것입니다.

부디 "난 시간이 없는데" "난 이제 늦었어" 혹 "그냥 이대로 믿을래" 하지 마시고, 말씀 앞에 겸손히 그리고 영적 호기심을 가지고 시작해 보십시오. 분명 큰 즐거움과 기쁨이 되셔서 큰 숨겨진 보물들이 발견되는 귀한 시간이 되실 것입니다. 여러분을 응원합니다. (2021. 1.24)

나의 묵상

▌나는 지금 무엇을 공부하고 있습니까?

하나님은 사람이 아니시니 거짓말을 하지 않으시고 인생이 아니시니 후회가 없으시도다
어찌 그 말씀하신 바를 행하지 않으시며 하신 말씀을 실행하지 않으시랴 _ 민 23:19

예배의 본질은
바뀌지 않지만

　지난주일, 적은 인원이었지만 각 예배에 흩어져 나오신 교우님들을 뵐 수 있어서 참 감사했습니다. 마음은 있으셔도 아직 힘든 시기이기에 선뜻 발걸음을 옮기지 못하신 분들도 계시리라 생각합니다. 그러나 부디 주님을 향한 여러분의 마음만은 무엇보다 예배에 대한 간절함과 사모함은 얼어붙지 않으시기를, 그래서 성전예배의 근육이 다시 회복되기를 기도드립니다.

　이런 가운데 지난 후반기부터 준비해 왔던 것이 있었는데, 바로 '예배의 변화'였습니다. 선뜻 생각하면 그냥 예배드리면 되지, 예배의 변화라니? 생각하실 수 있습니다. 그것은 각 예배마다 있는 시대와 회중의 고유한 특징을 살려, 좀 더 은혜를 받고 하나님께 영광을 돌리고자 하는 것입니다. 아시는 대로, 예배의 순서가 이렇게 해야 한다고 규정된 것은 어디에도 없습니다. 복음이 들어온 초창기에 처음 드려진 예배가 이후 큰 맥락 속에서 내려온 것입니다.

240

그러나 시대가 바뀌면서 사회적인 변화가 회중의 다양성과 만나게 되고, 무엇보다 성도들의 영적갈망이 커지면서, 다양한 예배의 변화가 일어나기 시작했습니다. 예를 들면, 이전에는 '예배본다' 혹은 '예배드린다'라는 차원의 예전적 또는 경건의 부분이 많이 강조되었는데, 근간에는 '예배한다'라는 용어로 바뀔 정도로, 보다 적극적이고 능동적으로 예배에 참여하고, '성전 예배'를 통해 받은 은혜를 자신의 '삶의 예배'로 변환시키는데 강조점을 두고 있음입니다.

즉, 예배의 본질은 변하지 않지만, 다양한 연령층과 여러 삶의 모습을 향해 찾아가는 구도자적 예배에로의 필요성이 대두된 것입니다. 이런 차원에서 다음 주일부터 시작되는 우리교회의 예배 변화는 참으로 필요한 부분임에 분명합니다. 부탁드리는 것은 부디 당황(?)하지 마시고, 이런 변화 속에서 오히려 생각지 못한 예배의 감격을 경험하시길 기도드립니다.

먼저, 1부예배(오전8시)는 '성찬예배'로 드리고자 합니다. 즉, 매 주일마다 설교 후에 성찬식이 있음입니다. 예배 때 주님의 떡과 잔을 나누는 것은 교회의 귀한 전통이었습니다. 성찬의 은혜는 생각보다 큼입니다. 2부예배(오전10시)는 '클래식예배'로 지금의 예배 순서에 따라 드리게 됩니다. 무엇보다 지금의 두 찬양대(아멘과 임마누엘)가 하나로 연합되어 예배를 섬길 것입니다. 더욱 아름답고 귀한 찬양을 드리게 됨으로, 예배의 감동을 더 할 것입니다. 찬양대의 헌신에 감사드립니다. 그리고 3부예배(정오12시)는 '열린예배'로 좀 더 밝고 감성적인 분위기로, 순서를 단순화하면서 찬양과 기도를 통해 더욱 은혜가 넘치는 예배가 될 것입니다.

이렇듯 예배에 변화를 가져오는 것은 우리교회의 현재와 더불어 내일을 준비하는 차원에서입니다. 당연히 우리의 예배를 받으시는 분은 오직 한 분 하나님이십니다. 그리고 우리는 이 하나님께 드리는 예배를 통해 하나님이 어떤 분이신지를 동시에 내가 누구인지를 또 이 땅에서 어떻게 살 것인지에 대한 반응을 하게 됩니다. 그래서 예배는 '소통'이라 할 수 있습니다. 다양한 회중이 다양한 방법을 통해 주님의 지성소로 나아가는 예배가 될 것입니다.

무엇이든지 새로운 것은 낯설게 느껴집니다. 무한대이신 하나님을 나의 예배 기호에 맞추기보다는 변화되는 다양한 예배의 감동을 통한 예배의 감격이 있으시길 기도드립니다. 아시지요? 세 C로 시작되는 단어... Chance(기회), Choice(선택) 그리고 Change(변화). (2021. 1.31)

나의 묵상

▌나는 예배에 대한 진짜 목마름이 있습니까?

하나님의 말씀은 살아 있고 활력이 있어 좌우에 날선 어떤 검보다도 예리하여 혼과 영과 및 관절과 골수를 찔러 쪼개기까지 하며 또 마음의 생각과 뜻을 판단하나니_ 히 4:12

잔치 떡을 못 먹어서
아쉽습니다

　작년부터 우리교회에 아주 좋은 전통이 하나 자리 잡은 것이 하나 있었습니다. 바로 한 해를 마무리하고 새로운 해를 준비하는 당회와 구역회가 끝나면 그 자리에서 잔치 떡을 먹는 것이었습니다. 그것은 당회와 구역회는 단지 행정이나 사무적인 회의가 아니라, 그야말로 한 해 동안 교회를 돌보아 주신 하나님께 감사하며 이를 위해 헌신하고 애쓴 서로를 격려하고 축복하는 시간이기 때문입니다. 그래서 이러한 모습이 우리나라 처음의 교회시절부터 도시화가 되기 전까지 교회마다 실제로 있었던 것입니다. 교회마당에서 잔치국수를 먹기도 했지요.

　그래서 우리교회도 작년에 당회와 구역회를 마치고 예배실 로비에서 떡을 나누었던 것입니다. 다들 얼마나 좋아하시던지, 당회와 구역회는 이런 것이구나 하면서 아예 우리교회 전통으로 하면 좋겠다고 했던 것입니다. 물론 꼭 그 해의 결산이 풍성하고 교회에 좋은 일만 있어서가 아닐 것입니다. 어려움이 오고 힘들어도 우리교회는 여전히 하나님의 손 안에 있다는 것을 다시금 감사와 격려로 고백하는 모습인 것입니다. 바로 우리 모두는 한 몸이기 때문입니다.

그런데 아시는 대로 올해는 이 떡을 먹기가 어렵게 되었습니다. 코로나의 상황을 보면서 회무 일시를 몇 번이나 연기하고 또 대면예배가 온전히 회복되는 날이 오기를 놓고 기대했는데, 좀 더 시간이 필요한 듯합니다. 그러나 이런 가운데서 아쉽게 떡은 못 나누지만, 그래도 한 해를 마무리하고 새해를 새로 시작하는 이 감사와 격려의 시간을 잠깐이라도 가지려고 합니다. 계속 광고 드린 대로, 내일(주일) 3부 예배 끝나자마자 그 자리에 서 있을 것입니다.

그런데 이번에는 '구역회'로만 모이게 되었습니다. 보통 당회와 구역회를 같이 하는데, 당회의 직무 중의 하나인 임원(신천집사와 신천권사) 최종 선출이 아직 이루어지지 않았기 때문입니다. 아시는 대로 이번 코로나로 인해 직분자들에 대한 교육이 계속 연기되었기에, 당회는 2월 중에 직분자 교육이 끝나는대로 모여 이를 보고하고 인준하게 될 것입니다(당회는 개체교회의 조직구성을 하는 가장 기본적인 의회로서, 크게 세 가지 현안을 나눕니다. 첫째는 입교인을 정리하고, 둘째는 새로운 임원을 선출하며, 셋째는 교회의 조직을 구성합니다).

이에 연결하여 구역회는 좀 더 실무적인 다음의 네 가지 직무를 나눕니다. 첫째는 1년간의 사업과 예산에 대한 계획과 집행된 결산에 대한 보고와 결의, 둘째는 교회의 재산을 관리, 셋째는 교단에서 파송한 교역자의 인사 처리, 넷째는 지방회에 참석할 대표를 선정합니다. 그래서 [당회]의

244

참석 대상은 개체교회에 등록된 모든 입교인들이 되어 교회 전체의 일들에 대해 보고받고 함께 비전을 나누게 되며, [구역회]는 좀 더 실제적인 현안들을 나누고 결정해야 하기에, 참석 대상은 장로님들과 권사님들, 속장님들과 각 남여 선교회장님들이 되십니다.

구역회 해당되시는 분들은 내일 3부예배 후에 뵙도록 하겠습니다. 떡은 못 나눠드리지만, 한 해 동안 주님의 몸 된 교회를 위해 헌신하신 여러분들께 주님의 축복을 나눠드리고 싶습니다. 이마저 온라인으로 하는 것이 아니기에, 이 어려운 시간 속에서 우리 주님께서 어떻게 우리를 인도하셨는지를 나누는 감사의 시간이 되었으면 합니다. 아시지요? 좋은 교회, 좋은 성도는 어려울 때에 드러나고 어려울 때에 함께 합니다. 바로 우리교회요, 여러분들이십니다. 내일 주일, 1부에서 4부까지 성전에서, 또 계신 곳에서 꼭 예배자로 승리하시길 기도드립니다. (2021. 2.7)

나의 묵상

▌우리 교회에 어떤 좋은 전통이 세워지면 좋겠습니까?

모든 것이 가하나 모든 것이 유익한 것은 아니요 모든 것이 가하나 모든 것이 덕을 세우는 것은 아니니 누구든지 자기의 유익을 구하지 말고 남의 유익을 구하라 _고전 10:23-24

마음만큼 잘 안 되어
속이 상합니다

　미국에서 목회할 때였는데, 한 분이 저를 소개하면서 뜬금없이 "큰 교회 목사님이세요"라는 얘기를 듣고 당황했던 적이 있습니다. 그런데 그 순간 들었던 제 마음 때문에 더 당황했습니다. 처음엔 "아니 사람을 뭐 이렇게 소개하나?"였는데, 부끄럽지만 "아, 내가 그렇게 되었구나. 이제 이런 얘기도 듣는구나"라는 짧지만 내심 속물이 되어버린 제 자신의 마음 때문에 놀란 적이 있습니다. 다행히 주님께서 다시 제 마음을 보게 하셔서, 누가 뭐라 하든 주님 앞에서 한 사람 한 사람을 위한 목자가 되어야지 라는 마음으로 다그친 적이 있었습니다.

　그리고 시간이 지나 주님의 은혜로 우리교회를 섬기게 되었습니다. 그리고 2년 전 우리교회에 처음 부임하여 첫 예배를 드릴 때의 마음도 바로 "한 사람 한 사람을 위한 목자가 되어야지"였습니다. 그런데 참 이게 쉽지 않다는 것을 날마다 경험하고 있습니다. 코로나 이후에는 더 실감하고 더 실망하고 있습니다. 다행히 우리나라에 워낙 큰 교회들이 많아, 거기에 비하면 우리교회는 크지 않기에 한 사람을 위한 목회가 가능할 것 같아, 주님께 부끄럽지 않을 것 같다는 생각이 있었는데, 이게 쉽지 않다는 것을 새삼 절감하고 절망하고 있습니다.

목회자들이나 장로님들 또 구역장님들과 속장님들을 통해, 힘들어하는 교우들의 소식을 들을 때면 속이 많이 상합니다. 한 분 한 분 더 챙겨드리지 못해서 죄송하고, 이유야 어찌되었든 이런 저런 모습으로 어려움 가운데 계신 교우들에게 목자의 따뜻함을 주지 못하는 것 같아 더욱 그러합니다. 또한 교회적으로 어떤 변화를 갖게 되어 부득불 섬기는 분들에게 변화가 있을 때면 더 더욱 마음이 편치 않습니다. 담임목사로서 좀 더 마음을 헤아려주고 좀 더 그분들 입장에서 생각해 주어야 하는데 결과적으로 그러하지 못한 것 같아 미안한 마음입니다.

이만큼 목회했는데도 "목회는 쉽지 않구나" 다시금 고백하고 기도의 자리에 가곤 합니다. 설교는 안 되어도 사랑에 인색한 목사라는 소리를 듣지 말아야지 했는데, 주님께서 "장목사야 아직 갈 길이 멀구나" 하십니다. 일전에 선교사님 한 분을 뵌 적이 있는데, 연약한 몸으로 홀로 이국땅에서 많은 사명을 감당하고 계신 분이셨습니다. 그래서 어떻게 그렇게 하실 수 있었냐고 여쭈었는데 돌아온 답은 간결하였습니다. "주님께서 저를 너무 많이 사랑하셔서요." 짧지만 강한 인상을 주는 답이었습니다. 그 날 이후 많은 생각이 있었습니다.

"그렇구나. 사명에 붙잡히기 전에 사랑에 붙들려야 하는구나." 다시금 마음에 새겼던 순간이었습니다. 상담학교수인 데이비드 베너는 자신의 책

[사랑에 항복하다]에서 "의지력과 결심이 아닌 사랑이 모든 것의 동기가 되는 것이 기독교가 말하는 진정한 변화이다. 그렇기에 언제나 사랑만이 모든 변화의 근원이다"라고 말합니다. 즉, 한 영혼을 향한 사랑의 마음이 모든 섬김과 사역의 시작과 마지막이 되어야 한다는 것입니다. 그게 진짜 사역이라는 것입니다.

코로나의 시간이 길어지면서 사람들에게 급증된 마음이 분노와 짜증이라는, 즉 불안은 상대방에 대한 배려나 사람에 대한 기다림의 시간을 단축시킨다는 기사였습니다. 지난 주, 구정이지만 다시 새해를 맞으면서 다시 돌아보게 되었습니다. "사명보다 사랑이, 사역보다 긍휼이 더 깊은 목사가 되어야겠구나." 그런데 사실 마음만큼 잘 안되어서 속이 상합니다... 여러분들의 기도를 부탁드립니다. 제가 더 넓고 더 깊은 목자가 되어 우리 교우들을 살필 수 있도록. (2021. 2.14)

나의 묵상

▌때로 마음처럼 안돼서 속상한 일이 있습니까?

주께 힘을 얻고 그 마음에 시온의 대로가 있는 자는 복이 있나이다 그들이 눈물 골짜기로 지나갈 때에 그 곳에 많은 샘이 있을 것이며 이른 비가 복을 채워 주나이다 _ 시 84:5-6

이번 책 '목사가 많이 부끄럽습니다'는 작년부터 시작되어 이제는 '위드 with 코로나'가 되어버린 시간 속에서, 지역교회(local church)를 섬기고 있는 한 목사의 고백과 그 교회의 사랑하는 교우들에게 보낸 주중 편지 모음집 입니다. 고난 속에서 그저 울 수밖에 없었던 애가(哀歌)와 함께, 그럼에도 여전히 주님은 우리와 함께 하신다는 애가(愛歌)의 고백입니다.

또 2019년 한 해, 주님의 교회에서 있었던 변화의 모습들도 있습니다. 2년 전이지만, 감사할 뿐입니다. 지난 32년 전, 신혼여행으로 갔던 금식기도원에서 나와 미안한 마음으로 아내를 데리고 갔던 곳이 바로 지금의 롯데 어드벤처였는데. 그런데 정확하게 30년 만에 그곳에서 가장 가까운 우리교회로 오게 된 셈입니다. 정말 하나님의 수(數)는 알 수가 없습니다.

지난 시간 베풀어주신 주님의 후대하심을 돌아보면, 아무리 생각해도 이해가 되지 않습니다. 정말 이러셔도 되나. 그런데 한 가지, 혹시 당신의 교회에 대한 제 작은 마음을 보지 않으셨나 추측해 봅니다. 아무 소망 없던 저를 불러주신 주님의 사랑에 제가 보답할 수 있는 일은 오직 주님의 교회를 사랑하는 일이었습니다. 아니 저에겐 그게 유일한 일이었습니다.

그래서였는지 어린 시절부터 교회에서 살았습니다. 누가 시키지도 않았건만, 매일 마다 쓸고 닦고, 그렇게 '교회지기'로 살았습니다. 이 교회사랑은 경상도 시골목회와 유학생활로 이어졌고, 이후 세 번의 성전을 건축할 수 있었던 것도 이 때문에 가능했습니다. 사람들의 눈으로 이해되지 않을 정도로 모든 것을 다 쏟아 주님의 교회를 사랑했던 시간이었습니다.

목회자여서가 아니라, 목자이신 예수님의 사랑 때문이었습니다. 교회사랑은 정말 하나님의 신비입니다. 그렇게 행복할 수가 없고, 그렇게 기쁠 수가 없었습니다. 왕이기 보다 차라리 성전의 문지기로 살겠다는 다윗의 마음이 이해가 되기 시작했습니다. 그리고 돌아보니 베푸시는 주님의 후대하심에 놀랄 뿐이었습니다. 그저 작은 마음으로 보답하고자 했을 뿐인데.

여러분들에게 이 책을 드립니다. 어느 때 보다도 '홈 커밍 데이'(Home Coming Day)가 간절하다는 생각에서 입니다. '홈 커밍 데이'는 말 그대로 '집에 오는 날'입니다. 집 나간 둘째 아들이 아버지 집으로, 집에 있던 큰 아들이 아버지의 마음으로 다시 돌아오는 날입니다. 이런 저런 이유와 사정이 많으시겠지만, 그저 다시 교회로 돌아오셨으면 좋겠습니다.

여러분 모두를 사랑하고 축복합니다....

장찬영 목사 드립니다.